高中生物
有效教与自主学

——基于诱思探究教学理论

谢晓霜◎著

东北师范大学出版社

长春

图书在版编目（CIP）数据

高中生物有效教与自主学：基于诱思探究教学理论 /
谢晓霜著. — 长春：东北师范大学出版社，2020.11
　ISBN 978-7-5681-7337-7

　Ⅰ.①高… Ⅱ.①谢… Ⅲ.①生物课—教学研究—高
中 Ⅳ.①G633.912

中国版本图书馆CIP数据核字（2020）第233171号

□责任编辑：王立娜　　　　　　□封面设计：言之凿
□责任校对：刘彦妮　张小娅　　□责任印制：许　冰

东北师范大学出版社出版发行
长春净月经济开发区金宝街 118 号（邮政编码：130117）
电话：0431-84568115
网址：http://www.nenup.com
北京言之凿文化发展有限公司设计部制版
北京政采印刷服务有限公司印装
北京市中关村科技园区通州园金桥科技产业基地环科中路 17 号（邮编：101102）
2022年6月第1版　2022年6月第1次印刷
幅面尺寸：170mm×240mm　印张：14.75　字数：238千

定价：45.00元

一、结缘与印象

21世纪初,广东省佛山市教育局对全市各个中小学进行了调整。其中,将佛山二中与两所镇办中学合并为新的佛山二中。新佛山二中成立后,面临两大困境:如何将三个学校的教工拧成一股绳;如何大面积提高教学质量。显然,后者是主要矛盾。因为教学质量提高了,学校就有了凝聚力。2002年7月21日,邓超祥校长在《中国教育报》头版头条看到了一篇名为《张熊飞创立诱思探究学科教学论,50万教师尝到教改甜头》的文章,评论员指出:"诱思探究学科教学论为在课堂学科领域推进素质教育提供了强有力的理论支持与实践指导。"并在第4版整版介绍了张熊飞和我的诱思探究学科教学论。邓校长随即坐飞机来到陕西师范大学邀请我前往佛山二中讲学并辅导。

记得当时佛山二中的一篇教研活动报道中这样写道:"2002年12月的一天,学校请来了一位步履缓慢、慈祥亲切的老人给我们做学术报告。在这样一个平凡的下午,连续三个钟头的报告,老人引经据典、声情并茂。我校老师个个全情投入,时而传来朗朗笑声,时而听到沙沙的笔记声,更多的是对老人理论认同、敬仰的眼神及情不自禁的掌声。"

理论辅导讲座结束后,我听了老师们的十几节课堂教学。其中,谢晓霜老师的一节高三生物课《心脏》是最成功的,给我留下了深刻的印象,至今难忘。这节课是初中人体生理知识,学生早就忘了,晓霜老师是按新课上的。课前,晓霜与肉联厂联系,购买了几十个猪的完整心脏。上课时,先让学生根据挂图结合课本自主了解心脏的基本结构。然后,三人一组解剖猪心脏。晓霜老师指导学生在猪心上切开两刀,并用玻璃棍从心脏最上边的动脉管插入直至切开处,让学生观察左心房、右心室等。我就坐在实验桌旁,清清楚楚看到了学生相互合作做实验的全过程,特别是观察心脏内外结构时他们高兴地议论着。学生们两手沾满猪血的情景,至今仍历历在目。当时我就想:学生亲自动手实验、积极探究、归纳延伸、主动生成知识，课堂气氛十分活跃，这正是自然科学课的一节典型案例。下课后，我和许多学生交谈，他们都一致表示：像这样上课，一辈子都忘不了！

晓霜老师依据这节课撰写成的典型教学设计研究，获全国教育科学"十五"规划教育部重点课题优秀成果特等奖，这节生物课也成为我对其他各实验基地辅导时的典型案例。此后，我多次到佛山二中讲学、辅导，发现晓霜老师的教学越来越深化，已经形成了教师的"诱"和学生的"思"同频到和谐共振，真正实现了学生的主体地位。

在和晓霜老师的交谈中，她告诉我："工作十年来，凭着满腔热情认真地备课，一节课中，我总是滔滔不绝地'精彩表演'，把课本知识毫无遗漏地传递给学生，虽然学生的考试成绩也不太差，但我发现学生多是在死记硬背中'学得'知识，不会举一反三，变通运用。看到学生学得很辛苦却没有更大的进步，我非常苦恼和着急。如何帮助学生学好？学生如何才能学好？如何让学生会学？我一直在思考这些问题，却苦于找不到出路，很彷徨！"

"听了您的报告，给了我很大的启发，我终于找到了教学问题的症结所在：教学中没有摆正好自己的位置，总在扮演着保姆的角色。也让我坚信：只要心中有学生，设计的教学就会从学生的实践出发，就会在教学中大胆取舍，更会还时间、空间给学生，教学效果会更好。"

晓霜老师一直坚持诱思探究教学，在生物高考及学科竞赛方面均取得了优异成绩，连续10年被评为"禅城区高考备考优秀教师"。同时，她带领生物教研组认真探讨课堂教学规律，撰写了《诱思探究学科教学论在生物学科应用》一书，在各实验基地及广东省流传，颇受欢迎。她被任命为学校教研室主任后，带领全校教师全力开展诱思探究教学，使佛山二中涌现出一大批优秀教师，学校教学质量大面积提高。

"做个好老师，上好每一节课"，这一朴素的愿望晓霜老师用了整个教师生涯去追求。由于教学突出，教育局想调她到局里工作，但她热爱学生、热爱讲台，一直坚守在教学一线教书育人。学生们喜欢与她聊天、找她问题、争着上她的课，在她的课堂上学生们灵动愉快、敢想敢说、思维活跃，高中生物课成了学生们喜欢的课程。她喜欢教书，从教书中感受着每一届学生的可爱，感受着教学的乐趣。这些年她先后获得了"全国模范教师""全国教育系统巾帼建功标兵""广东省基础教育系统名教师""广东省名师工作室主持人""南粤教坛新秀""佛山市教育系统高层次人才"等称号，42岁就被评为"广东省特级教师"，2019年被聘为广东技术师范大学教育学硕士兼职硕士生导师，同年当选为广东省教育学会中学生物教学专业委员会第二届学术委员会委员。

二、简介与评价

《高中生物有效教与自主学——基于诱思探究教学理论》这本书是晓霜老师30年高中生物一线教学的成果结晶，对高中生物教师如何教及学生如何学给予了系统的回答。

本书以诱思探究教学理论为基础，抓住了"有效教学"这一核心问题展开阐述，明确指出：有效教学是否达成，一是看教师是否引发学生的学习意向、兴趣，调动学生的学习动机，使教学在学生"想学""愿学""乐学"的心理基础上展开；二是教师要让学生知道"学什么"和"怎么学"；三是采用学生易于理解和接受的教学方式。

书中结合大量的课堂教学实践案例，围绕情境创设、有效实验、课堂提问、习题讲评、备考复习、评课论课等课堂教学相关策略进行了详细阐述，有理论、有实操，有问题、有策略，有主题、有方式，对于在课堂上教师如何做到"有效教"，甚至是"快乐教"，有着非常具体且明确的指引。

本书还跳出了课堂教学范围，从一个更高的角度去关注学生的终身自主学习能力的培养。高中学生的学业成败，很大程度上取决于他们的自主学习水平。晓霜老师在书中系统地阐释了如何激励学生自主学习，如何帮助学生做到有效自主学习，如何对自主学习效果进行有效监控，以及有哪些途径可以辅助学生更好地进行自主学习等，不仅对于教师们深入理解这个最符合当下教书育人要求的教学理念，以及如何具体实现这一教学理念有着很好的指导作用，也可供学生阅读后理解掌握，从而自主学习，提高学习效率。

本书还收录了晓霜老师的部分教学体会与感悟及相关新闻媒体对她的报道，这也从另一个角度反映了她的专业成长历程。除了感受她的工作作风之外，还可以从书中感受到她的有趣以及做人做事的态度，对于同样怀揣梦想，有志成为一名好教师，甚至是名师的教师们，都会有极大启发，非常值得一读。

　　本书的出版不仅对高中生物教师，而且对其他各学科教师及高中学生来说，都是一本很好的教学理论与实践参考书。

　　在教学一线潜心教育教学的晓霜老师，不仅积累了丰富的实践经验，而且有了相当成熟的理论修养。"雄关漫道真如铁，而今迈步从头越。"盼望晓霜老师继续立足于自己热爱而献身的教育事业，在新思想的指引下，为中华民族的伟大复兴做出更多更好的贡献。

　　再一次祝福各位！祝福晓霜！

张继房

2019年8月26日于古城西安

目 录

第 一 章

诱思探究学科教学理论

诱思探究学科教学论的创立者是陕西师范大学的张熊飞教授，2002年，我校申报了全国教育学科"十五"规划教育部重点课题《诱思探究学科教学论应用研究》子课题。2008年初，我们又继续申请了张熊飞教授主持的全国教育科学"十一五"规划教育部重点课题《探究性学习方式实验研究》的《探究性学习方式在高中学科教学的实践研究》子课题。经过十几年的实践应用研究，我校课堂教学效率明显提高，教学质量得到大幅度提升。

引 论

诱思探究： 　　诱导思维　　　　探索研究
　　　　　　　（教学职能）　　（教学过程）

诱思探究学科教学论的理论构思如图1所示。

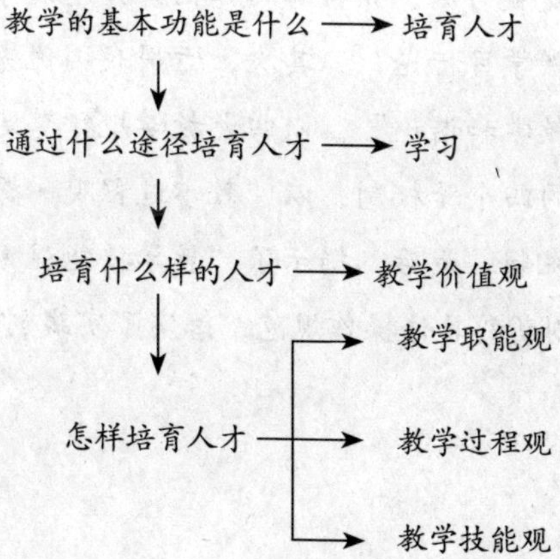

教学的基本功能是什么 ——→ 培育人才

↓

通过什么途径培育人才 ——→ 学习

↓

培育什么样的人才 ——→ 教学价值观

↓

　　　　　　　　　　　 ┌──→ 教学职能观
怎样培育人才 ————————→ 教学过程观
　　　　　　　　　　　 └──→ 教学技能观

图1　诱思探究学科教学论理论构思

由此形成了完整的四部分理论和实践体系，如图2所示。

明确教学价值 ⟶ 发挥教学职能 ⟶ 启动教学过程 ⟶ 运用教学技能
（三维教学目标论）　（诱思教学和谐论）　（探究学习方式论）　（认知教学设计论）

图2　诱思探究学科教学论理论和实践体系

四部分理论的相互关系及整体结构如图3所示。

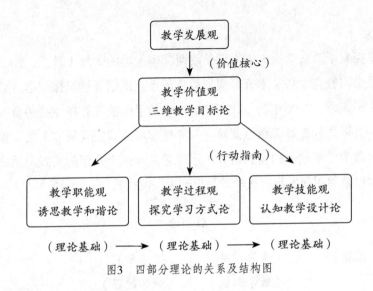

图3　四部分理论的关系及结构图

图3具体来说，首先，从教学的基本功能出发，认识了教学发展观乃是以学生个性的全面和谐发展为本，并将其具体化为开展教学活动的行动指南，即"教学价值观·三维教学目标论"；其次，运用我国优秀的和谐文化，认识了"教学职能观·诱思教学和谐论"，以四大教学规律奠定了教学系统的理论基础；再次，融合教学的四个子机制，以"教学过程观·探究学习方式论"，认识了教学过程的运行机制；最后，揭示了"教学技能观·认知教学设计论"，归纳出实现上述理论创新的具体操作规范，落实了实践创新。

价值篇：三维教学目标论

一、微观的教学发展观：以学生的全面和谐发展为本

发展是科学发展观的第一要义。

"以学生为本"是指发展的目的，是教学发展观的实质和核心。这是由教育事业的基本功能和价值体系所决定的。

"全面发展"是指发展的内容，即德智体美劳全面发展。具体到教学系统，则是掌握知识、发展能力、培育品德三维教学目标。

"和谐发展"是指发展的评价原则。现代教学论着重强调"有效教学"。和谐才能有效，才能高质量、高效率；不和谐则造成劳而无功，造成低质量，特别是低效率。这里，最根本的是要处理好教与学的和谐关系。

二、要促进学生全面和谐的发展，必须落实三维教学目标

1. 掌握知识

（1）知识代表人类的总体认识和经验结晶，学科知识是其具体成果。

（2）知识教学应注意：要掌握本学科现阶段的最佳基础知识结构；知识在教学过程中的核心地位不能动摇，因为能力和品德是在知识的学习过程中形成的；要把知识的形成过程放在教学的首位；要重视知识的具体应用。

2. 发展能力

（1）能力是指顺利完成一定活动的心理特征，客观表现为完成该活动的本领。

（2）发展能力应注意：一定要结合学生的知识学习过程去进行，为此应挖掘知识的能力价值，要持之以恒，有层次地提高；能力是在动态中形成的，要创造形成能力的时空条件；要善于挖掘和运用科学方法，熟练地掌握基本技能。

3. 培育品德

（1）品德是指个体自身相对稳定的个性品质的总和。教育历来把"传道"放在培养人才的首位，即德育，因此，应挖掘知识的教育价值，要坚持"以德树人"，要时刻教育学生树立社会主义核心价值观对个人的要求：爱国、敬业、诚信、友善。

（2）品德应包括：政治品质、思想品质、道德品质、科学品质。

（3）品德是以人的情意因素为其心理基础的。

知识、能力、品德不是三个目标而是三维目标，三个维度缺一不可，方能组成学生和谐发展的数学函数：

$$V=F（Z.N.P）$$

公式中各参数的含义：V表示学生和谐发展，F为函数的符号，Z代表知识，N代表能力，P代表品德，即学生和谐发展是由知识、能力、品德三者共同作用的结果。

具体表现在：

教育目标：一切为了学生的全面和谐发展。

教育对象：为了一切学生的全面和谐发展。

教育评价：为了学生一切的全面和谐发展。

职能篇：诱思教学和谐论

教育要现代化，首先要思想、观念现代化。

教学改革绝不仅仅是教学方法的争奇斗艳，根本的是教学思想的变革。其中，处理好教与学的和谐关系是最关键的。

教与学的人际和谐，是教学系统中一切和谐的基础。

教学理论所研究的教学过程中最基本的关系，就是教与学的关系。不管以何种形态出现的教学活动，皆包含在教与学的基本关系之中。因此，教与学的关系是教学系统最根本的理论基础，这一基础牢固了，其他的矛盾也就迎刃而解了。

所谓教学的职能观，就是从职能的角度，去认识教和学各自的职能以及它们的辩证统一关系，从而确定它们各自的地位、作用以及相互关系。

从理论上来说，即充分发挥教师的引导作用，以便真正实现学生的主体地位。

一、学生为主体与教师为引导

1. 学生为主体

（1）以生为本。

在教学系统中，学生是通过学习认识客观世界，从而获得全面和谐发展的。认识客观规律的目的完全是实现全面和谐地发展，关键在于学生是获得全面和谐发展的主体。

（2）特征。

①能动性：发挥学生主观能动性，调动其情意因素。

②独立性：学生的主体地位绝不能由别人代替，也无法代替；在这个意

义上，心理上的内化与生理上的消化是完全一致的。

③ 创造性：学生的一切学习成果，都是一种创造性劳动。

④ 基础性：学生主体地位的出发点和最终归宿，都是为学生的一生打下牢固的基础。

（3）核心特征：独立性。

有了独立性，就必然有能动性，也就易于实现创造性，从而落实基础性。因而，独立性是学生主体地位的核心特征。

"君子深造之以道，欲其自得之也。自得之，则居之安；居之安，则资之深；资之深，则取之左右逢其原。故君子欲其自得之也。"（《孟子·离娄下》）

独立性是"自主学习"的依据，这正是课程改革中的现实问题。

独立性的核心是思维的独立性，即独立思考。

"君子有九思：视思明，听思聪，色思温，貌思恭，言思忠，事思敬，疑思问，忿思难，见得思义。"（《论语·季氏》）

"学而不思则罔，思而不学则殆。"（《论语·为政》）

"为学之道，必本于思，思则得之，不思则不得也。"（《暴氏客语》）

"无深湛之思，学之不成。"（《二程遗书》）

学生主体地位的灵魂，归结为一个词语：独立思考。

学则思，思则通，通则变。一个"思"字，抓住了学生为主体的要害。

学贵善思，学贵善悟，这就是学生的主体地位。

2. 教师为引导

（1）教师的作用。

教师的作用就是要创造一切条件、千方百计地实现学生的主体地位，实现学生的独立性，特别是独立思考。

（2）特征。

① 情感性。情感性即情感诱导，"亲其师"而"信其道"。

② 启发性。启发性是引导作用的根本标志，是实施启发教学的基础。

③ 促进性。促进性保证学生"跳一跳能够摘到桃子"，应从深度、难度、广度上确定"知、能、德最佳发展高度"。

④ 反馈性。反馈性沟通教与学、学与学以及自我反思的多向反馈回路，以实现教学目标。

（3）核心特征：启发性。

启发教学是一切教学规律、策略、措施和方法的灵魂，是我国优秀的传统教学理论。

"不愤不启，不悱不发。举一隅不以三隅反，则不复也。"（《论语·述而》）

"君子引而不发，跃如也。中道而立，能者从之。"（《孟子·尽心上》）

"指引者，师之功也。"（朱熹《朱子语类》）

"大禹善水，而君子善导；导人必因其性，治水必因其势，是以功无废而言无弃也。"（徐干《中论·贵言》）

"君子既知教之所由兴，又知教之所由废，然后可以为人师也。故君子之教，喻也。道而弗牵，强而弗抑，开而弗达。道而弗牵则和；强而弗抑则易；开而弗达则思。和易以思，可谓善喻也。"（《礼记·学记》）

教师引导作用的精华在于循循善诱。

一个"诱"字，突出了教师引导作用的精华。

教贵善诱，教贵善导，这就是教师的引导作用。

师者，所以引路，开窍，促进也！

学者，所以体验，探究，创新也！

师者，诱也！学者，思也！

二、主体地位和引导作用的和谐关系

我们深层次地论证了主体地位和引导作用的和谐关系，归纳出启发教学的四大规律。

1. 为师之道的根本

教师的引导作用就是全面地实现学生的主体地位，就是千方百计实现学生主体地位的特征：能动性、独立性、创造性和基础性。

教师要做"伴奏者"，不做"独奏者"。于是，我们认识了启发教学的第一条规律：引而不发，因人善喻，不言之教，大爱无疆，这就是为师之道的根本。

2. 为学之道的灵魂

就成人成才来看，千百年来的客观实际是"深造"依赖于"自得"。古今有成就者，或者说，任何人要办好任何事情，既不是"生而知之"，也不是"教而知之"，而是"学而知之"；即便是"教"得真正成功，也总是通过"学"来实现的。

由此，我们认识了启发教学的第二条规律：食贵自化，学贵自得，深思熟虑，积水成渊，这就是为学之道的灵魂。

3. 教学本质的真谛

任何事物的发展变化总是有其目的，同时有实现目的的条件。教学系统的根本功能是培育人才，使学生个性获得全面和谐发展，教学则是实现这一功能的最经常、最基本的途径。

于是，我们认识了启发教学的第三条规律：善诱则通，善思则得，诱思和谐，培育人才，这就是教学本质的真谛。

4. 启发教学的精髓

在谈到教与学的和谐关系时，叶圣陶先生明确指出："教师教各种学科，其最终目的在达到不复需教，而学生能自为研索，自求解决。故教师之为教，不在全盘授予，而在相机诱导。必令学生运其才智、勤其练习，领悟之源广开，纯熟之功弥深，乃为善教者。"

于是，我们认识了启发教学的第四条规律：教贵善诱，学贵善思，以诱达思，启智悟道，这就是启发教学的精髓。

启发教学的四大规律，反映了课堂教学过程中最本质、最基础的客观教学规律，充分揭示了教与学之间和谐关系的实质，构成了诱思探究学科教学论的理论基础。

过程篇：探究学习方式论

教学总是有一定的过程，自然也就有一定的运行机制。教学过程观就是科学地认识教学过程运行机制的客观规律。

学生的学习过程，既不是以教师为中心的被动接受式，也不是以学生为太阳的纯粹发现式，而是在教师导向性信息诱导下的主动探究式。

一、探究学习方式的基本构成和组成要素

教学职能观明确指出：要把教师的"教"真正转变为学生在教师诱导下的"学"。因此，构建崭新的课堂教学结构，就是要构建学生学习运行机制的崭新学习方式。

学习方式的转变是本次课程改革的显著特征，必须构建旨在培育学生创新精神和实践能力的学习方式，构建促进学生全面、和谐发展的学习方式，构建符合课程理念的学习方式。

我们所说的学习方式不是指具体的学习策略、学习方法，而是高于它们的层面，是影响并引导学生对具体策略和方法做出选择的有关学习运行机制的总体思路。

从固有属性来分析，学习方式是指在一定教学目标的指引下，学生在学习过程中的基本行为和心理的参与方式，反映了学生倾向于以什么样的行为方式和心理方式去完成学习任务。

由此可知，学生学习方式的运行机制是由四个相辅相成的子机制构成，每个子机制各有其基本组成要素。

（一）目标的控制调整子机制，反映学生学习过程的达标子过程

1. 课标依据

学生的学习应"以学生全面和谐的发展为本"，即促进学生在德智体美劳等方面和谐发展。在教学系统中则具体化为掌握知识、发展能力、培育品德的三维教学目标。

2. 组成要素

该机制由行为表现"反馈"和心理表现"同化"组成。完整的表达为及时反馈，促进同化。以学习过程的多向反馈促进学生主体心理过程的不断同化或顺应，从而实现三维教学目标。

3. 具体表达

达标过程作为航标，应贯穿于整个学习过程。具体言之，三维促发展，反馈终达标。

（二）情意的动力激励子机制，反映学生学习心理的情意子过程

1. 组成要素

该机制由行为表现"情境"和心理表现"情意"组成。完整的表达为创设情境，激发情意。

2. 具体表述

情意过程作为调动学生学习的动力，应贯穿于整个学习过程。具体言之，自觉创情境，始终含情意。

3. 创设教学情境

创设教学情境是课程改革的另一亮点。

教学情境是一种情景交融的心理氛围，一种有形与无形、物质与精神组成的"教学情意场"，应坚持"触境生情"。

教学情境包括形象情境、愤悱情境、实验情境、体验情境、迁移情境、尝试情境等。可见，所谓创设教学情境，就是回归自然、回归生活、回归社会。

教学情境既能激发学生的学习情意，又能引导学生进入认识世界的过程。

（三）行为的参与交往子机制，反映学生学习过程的行为子过程

1. 哲学依据

认识来源于实践。在教学系统中，学生作为认识活动的主体，也必然是实践活动的主体。学生只有真正独立地投身于各种学习活动，才能在参与、交往、沟通中获得全面和谐的发展。因而,自我活动是区分学习过程中学生是否处于主体地位的根本标志。

2. 组成要素

由行为表现"活动"和心理表现"体验"组成,即全身活动,心灵体验。

学生为了达到学习目标而采取的各种行动,谓之活动;学生五官并用、全身心投入整个学习活动而获得的对周围事物的自我感悟,谓之体验。

真正的学习行为,应该用整个身体去活动,用全部心灵去体验。因此,应该在教学中给学生一些机会,让他们自己去体验;给学生一个疑问,让他们自己去思考;给学生一种条件,让他们自己去锻炼;给学生一片空间,让他们自己去成长。

3. 具体表述

行为过程可以归纳为一个字:"动"。显然,它贯穿于学生学习的整个过程。因此,要把体验作为一条红线,贯穿于整个学习过程的始终。同时,任何一种体验都必须以优良的思维能力为基础。所以,必须把发展思维能力作为体验的主攻方向。具体言之,体验为红线,思维为主攻。这是在教学领域实施素质教育的必由之路,是发展学生创新精神和实践能力的根本途径,也是评价教学是否实施素质教育的唯一标准。

4. 体验(活动)的基本形式

(1)动手做。动手做即亲自动手操作,特别是学习自然科学必须以实验为基础,这是一条规律。

(2)动眼看。人们获得的外界信息,83%来源于视觉,反映了"看"的重要性。

学习活动离不开观察,它是一种有目的、有计划,并且有思维参与的高级知觉现象。要养成勤于观察、善于观察的习惯。

(3)动耳听。动耳听既要认真听取教师讲授,又要认真听取合作学习时同学们的发言,依靠听觉获得信息。

(4)动情读。动情读即学生独立进行的阅读和朗读。一个人一生能否取得成就,要看自学能力,核心是阅读能力;朗读则是全身心投入的思维和语言综合活动。

(5)动口议。动口议是师生间、生生间的相互讨论、议论、辩论等交流、沟通、合作过程，被称为讨论式教学，或者称为合作学习。

（6）动笔写。动笔写包括写作业、读书笔记、观察日记、研究报告、小论文等。这是发展学生创新思维、创新能力的必由之路。

（7）动脑思。五官并用，均要大脑来指挥。因而，动脑思贯穿于以上"六动"之中。

这些基本形式没有谁重要谁不重要之分，也没有谁先谁后之分，完全按需要采用，但都是学生的"动"。

5. 体验的实质

体验的实质就是把教师滔滔讲、学生默默听的单向信息传递，或者仅仅由师生间双向问答方式全都转变为学生主体全身心投入的多边信息交流和多向思维撞击，既增大信息量，又最大限度地提高信息的转化率，把学生的主体地位落到实处。

教学中，要有目的、有计划地增大体验量，和谐变化的体验形式，不断丰富体验的内容，使学生在体验中认识客观世界，在体验中获得全面发展。体验是发展之源，发展是体验之果。同时，要重视体验的全员性、全程性、全面性。

（四）认知的执行操作子机制，反映学生学习心理的认知子过程

1. 三个基本组成要素

行为上的表现：探索—研究—运用。

心理上的表现：观察—思维—迁移。

完整的表达：积极探索，认真观察；精心研究，活跃思维；广泛运用，加强迁移。

2. 要素的性质

要素的性质既表现为因果层次性，又表现为交叉重叠性。其中因果层次性是矛盾的主要方面，故称其为三个层次要素。这就是人们认识客观规律过程中的三个认知层次，学生的学习过程必然要经历这三大层次。

3. 具体表述

三个层次要素中的迁移过程，实质上是再观察、再思维的过程。或者说，运用过程实际上是再探索、再研究的过程。因此，观察和思维，亦即探索和研究，是三个层次要素中最本质、最基本的两大要素，我们称为学生学习过程的

两大学习层次。

这两大学习层次，我们则称之为探究学习。这也是"探究"学习方式的依据。

于是，我们可以把认知的执行操作子机制具体表述为探索的事实，研究获本质。

4. 探究学习的种类

（1）探究学习的哲学依据：辩证唯物主义认识论。

"人的思想由现象到本质，由所谓初级的本质到二级的本质，这样不断地加深下去，以至无穷。"（列宁）

可见，一个正确认识的形成途径基本上有两种：一种是由现象到本质，亦即形成新概念；一种是由所谓初级的本质到二级的本质，亦即发展旧概念。

（2）探究学习的分类（表1）。

表1　探究学习的分类

分类 理论依据	实践探究	理论探究
认识的形成过程	由现象到本质	由低级本质到高级本质
概念的建立途径	概念形成	概念发展
认识的源泉	物质性客体	观念性客体
基本学习层次	实践探索 → 归纳研究	理论探索 → 演绎、归纳、类比

① 实践探究。

哲学依据："通过实践而发现真理"（《实践论》）。

由于实践探索的具体方式不同，它有四种具体表现形式：

其一，实验探究。

通过实验来完成探索层次，就是实验探究。

自然科学教学的全面改革在很大程度上取决于全面地、有力地加强实验教学。教学中，应尽可能创造条件，把演示实验变为学生实验；把验证性学生实验变成探索性学生实验。只有在容易发生危险的情况下，才由教师进行演示。

其二，体验探究。

利用学生的亲身体验来实施探索层次，谓之体验探究。

其三，经验探究。

充分利用学生已经积累的丰富经验完成探索层次，谓之经验探究。

其四，形象探究。

以积累丰富的形象材料完成探索层次，谓之形象探究。在它的探究层次上，则突出地发挥形象思维的作用。

为此，各学科教学都要善于遵循"释文→成像→悟道→拓展"的教学思维层次。

② 理论探究。

理论探究是从低级的概念发展到高级的概念，从已知的理论发展到未知的理论，从剖析原有理论或特例的特征归纳出新概念、新规律。或者说，是通过观察"观念性客体"的特征，再经过思维加工而获得新的认识。

为了顺利地完成理论探究，要充分发挥原有知识的奠基作用、精选特例的路标作用、学生议论的互激作用、课文论述的示范作用和教师讲授的开窍作用。

理论探究一般分为以下两种：

其一，迁移探究。迁移探究就是以学生认知结构中原有的概念、规律等知识为起点，揭示该概念新的本质特征，从而获得新概念、新规律等。这就要求教师认真研究新旧知识的内在联系，帮助学生在自己的认知结构上为新知识找准适当的"生长点"。

其二，特例探究。特例探究就是从剖析特例的特征出发，归纳出新概念、新规律。精心设计特例是特例探究成功的关键。所谓特例，就是体现"观念性客体"的典型事例，或者说，是隐含着客观事物新的本质特征的"被观察对象"。

二、探究学习方式的基本思路

我们所要构建的学习方式，应反映学生认识客观规律的学习过程，一个知识点的课堂教学整体结构要遵循三个认知层次：观察（探索）、思维（研究）、迁移（运用），从而认识传承性课程。同时，还应反映出学生进行任何一个认知层次时，要瞄准该知识点的具体学习目标，在师生共同创设的丰富多彩的教学情境中，在行为上实现"七动"，全身心地投入学习过程，最终完成体验性课程。探究学习方式的基本思路如图1所示。

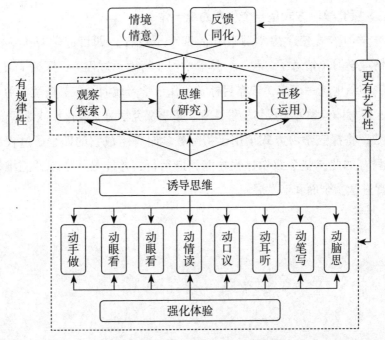

图1 探究学习方式的基本思路

客观存在的事物必有其规律。不遵守规律，实践就没有方圆，就必然事倍功半或趋于失败。探究学习方式提供给大家一个设计课堂教学过程的基本思路。

"有规律性"的具体含义是指设计任意一个知识点的学习过程时，其认知过程一定要遵循"观察思维迁移"的因果层次性。

"更有艺术性"的具体含义主要是指教师在设计学生的学习过程时，一定要依据学习目标，艺术地处理好三个层次要素的全程贯穿性，其中要善于创设优美的教学情境，营造轻快、宽容的学习气氛；要特别安排好基本体验形式的灵活运用性，准确地、更有审美体验地变换七个"动"。另外，要注意三个层次要素的交叉重叠性以及教学环境的复杂多变性。

（一）探究学习方式的适用范围

这不是一节课的学习方式，而是一个知识点的学习方式。所谓知识点是指概念、规律及其具体运用。一个知识点就是一个探究点，必然经历一个"有规律性""更有艺术性"的探究过程。为此，需要认真研究，抓住关键，认准"诱思点"，以情激情，以诱达思，认真实现三维教学目标。

（二）探究学习方式是一个和谐的统一体

探究学习方式使学生学习过程的四个子过程，即目标学习（达标子过程）、情境学习（情意子过程）、体验学习（行为子过程）、探究学习（认知子过程）和谐地统一起来，依靠目标学习保证学习航向，依靠情境学习调动学习动力，依靠体验学习完成体验性课程，依靠探究学习完成传承性课程。

可见，将探究学习方式运用于实际教学时，组成它的四个子过程，缺一不可。只有如此，整个教学过程才能和谐运行，才能最终实现"三维教学目标"，促进学生全面和谐发展。

第二章

高中生物有效教学策略

　　有效教学的"有效"，主要是指通过教师在一种先进教学理念的指导下经过一段时间的教学之后，使学生获得具体的进步或发展。有效教学的"教学"，是指教师引起、维持和促进学生学习的所有行为和策略。有效教学主要包括三个方面：一是引发学生的学习意向、兴趣。教师通过激发学生的学习动机，使教学在学生"想学""愿学""乐学"的心理基础上展开。二是明确教学目标。教师要让学生知道自己"学什么"和"学到什么程度"。三是采用学生易于理解和接受的教学方式。教学效益的高低关键是看学生的习得过程和习得程度，学生是否取得进步和发展。

　　高中生物教学有新授课、复习课、实验课、讲评课等课型，内容涉及三本必修及两本选修模块。教师设计教学，就是要通过各种手法实现书本内容的进一步生活化及情趣化，用趣味语言、示范表演、简单实验、故事、多媒体动画、图片、视频等形式，为学生创设自由的意境、舒适的心境、愉快轻松的气氛，从而使学生乐于学、乐于练、乐于记忆。教师以快乐的情绪感染人，以快乐的氛围熏陶人，以快乐的理念开导人，以快乐的内容启迪人，以快乐的方法培养人，使学生乐而有度，乐中受益，让学生将知识内化为能力，实现教学目标，取得最好的教学效果。下面介绍几种教学策略。

情 境 创 设

美国细胞生物学家威尔逊说，"每一个生物科学问题的答案都必须在细胞中寻找"。可见，抽象难懂的微观知识是生物学科的基础知识，在高中生物学中所占比重较大。但学生无法直接感知，也很难想象，于是，生物课往往是教师穷尽其词，学生依然一知半解，课堂沉闷、效率不高。究其原因是教学中能充分体现学生的主体地位的策略不多，学生参与度低。荀子说"不闻不若闻之，闻之不若见之，见之不若知之，知之不若行之"，就是强调学生的主体性、教师的引导性，增加学生的参与性与实践性。知识是在情境中通过活动而产生的。一个优化的学习情境是激励学生主动参与学习的根本保证。学生学习的实质就是借助情境的帮助实现对知识的主动构建。通过创设各类情境，引导学生积极体验，从而激发其深入思考、有效思维，是学生进行交流、探索、合作等一切学习活动的基础，是提高学生可持续学习能力、促进可持续发展教育的有效途径。

一、创设教学情境的意义

创设教学情境能引起学生的有意注意，激发学生的好奇心和求知欲，点燃学生的学习热情，调动学生的学习潜能；引导学生自主思考，主动探索，体验学习过程；帮助学生有效掌握知识，灵活解决问题；促进学生情感、态度、价值观的发展。

二、创设教学情境的途径

生物学科是一门自然科学，包含动物学、植物学、动物生理、植物生理、生态学、遗传学、微生物学等学科，高中生物涉及的内容有细胞与分子、遗传与进化、生态与环境三个必修模块，与人体健康、农业生产、人类生活息息相关，还有基因工程、组织培养、细胞工程、胚胎工程及生物技术的安全性等内容。

这些内容或抽象或微观或技术难度大，可以通过创设形象、问题、实验、生物科学史、多媒体动画、图片、科学新进展、社会热点等情境，点燃学生的学习热情，帮助学生理解知识。

1. 利用直观教具，帮助学生理解难点知识

直观教具，能使学生产生第一认识，集中学生的注意力，调动学生的积极性和参与欲望，因而能取得良好的效果。例如，生活中常用的灯头电线具有"双股""螺旋"的特点，可以用来讲解DNA的双螺旋结构。同时，找三位同学上台，让其中的一位同学将这些两股单线中的一段解开螺旋，另两位学生把单线绕到解开的两条线上去，结果产生了两条新的电线，每一条含一条"母链"，含一条"新链"。这样就把抽象的理论性知识直观化了。还可以用电线"螺旋"缠绕及解开来让学生理解染色体与染色质的区别。

2. 利用多媒体动画，将抽象问题形象化

俗话说，"百闻不如一见""耳听为虚，眼见为实"。将相关知识直观化有助于引起学生的注意，激发学生的兴趣，加深学生对知识的理解。教师上课要充分利用图表、演示实验、相关教具、CAI课件以及各种现代化电教手段，使教材上的知识具体化、形象化、立体化、动态化。例如，讲述《细胞分裂》这节内容时，最好运用一些动画视频来加强教学的直观性，使教学立体化和动态化，这样能更有效地突破难点和提高课堂教学效率；讲授《基因控制蛋白质的合成》在细胞内是如何进行的时，学生不能亲眼感知，其内容较抽象，不易理解，可把其过程做成三维动画多媒体课件，加强学生的形象体验；讲述《光合作用过程》时最好运用动画视频演示光反应及暗反应的每一步，通过立体和动态的展示，学生对每一步的过程、场所及光反应和暗反应的关系一目了然；在《生物对环境的适应》一节的教学中，可利用高中生物电视教学片将相关知识情境化，这不但有利于把教材内容和实际情境联系起来，帮助学生理解并掌握相关知识和原理，同时，还可以拓宽学生的知识面，激发学生的学习兴趣，促进学生能力的发展。

3. 创设生命现象情境，让学生学以致用

生物教学很多内容在于描述或解释生命现象和本质，如必修1第六章《细胞的衰老与凋亡》是一节让学生从细胞角度认识人的生长规律的课程，可由学生回忆生活中观察到的婴儿与老人的形态特征，进行比较，或以高中学生关注度较高的明星来创设情境，利用电脑软件动态展示该明星由婴幼儿逐渐变老的变化图，激发学生兴趣，让学生由表及里地理解细胞衰老的特征及代谢特点，并进一步思考人如何出生、为何衰老，又因何会死亡及与细胞生长的关系，促使学生健康生活，关爱生命，提高服务社会的责任意识。

4. 创设简易实验情境，有利于学生理解重要概念和原理

必修1第四章《细胞的物质输入和输出》一节就是在理解渗透作用的概念的基础上展开学习的。渗透作用是水分子（或其他溶剂分子）透过半透膜的扩散。而扩散现象是指物质分子从高浓度区域向低浓度区域转移直到均匀分布的现象。这个概念理解好了，学生对植物吸水及失水的原因、跨膜运输的方式就易掌握。为了帮助学生理解扩散，可以做一个简单的演示实验（图1），在培养皿中倒入清水，在中央等距离放三颗不同颜色的巧克力豆，静置观察可发现三种颜色从巧克力豆的中央向周围散开，学生对物质分子从高浓度区域向低浓度区域转移的扩散现象一下就理解了，这时可让学生尝试归纳渗透作用的概念。课前可以用玻璃纸为半透膜制作一个渗透作用的装置（图2），漏斗里面装有滴加红墨水的蔗糖溶液，漏斗口用猪膀胱或玻璃纸封口（半透膜），然后把它放在盛有清水的烧杯中，这样可以直观地观察到漏斗中红色液体的上升情况，推测出水分子的移动方向（由烧杯进入漏斗）；在讲植物细胞的吸水及失水时，可准备两个马铃薯块，中央各挖一个小洞，右侧马铃薯块小洞内撒入少量食盐，与左侧马铃薯块进行对照，通过有标记位置的滤纸条的吸水情况，可直观观察到水分由低浓度细胞液向高浓度细胞液方向扩散。（图3）

图1　物质的扩散

图2　渗透作用的装置

图3　植物细胞的失水

5. 学生自制教学模型，在动手构建过程中深入理解学习内容

所谓模型，即为了更好地认识研究对象而进行的简化概括描述，包括定量描述和定性描述，如利用有关实物或者借助一些形象、抽象形式加以表达。借助模型来获取关于客体的认识方法，就是模型方法。模型方法作为一种现代科学认识手段和思维方式，所提供的观念和印象，不仅是学生获取知识的条件，而且是学生认知结构的重要组成部分，在高中生物教学中有着广泛的应用价值和意义。

现行高中新教材改革的一个亮点是许多生物学的概念、原理、过程都运用模型建构的方法来展示并解决问题。在生物教学过程中，模型是重要的教法与学法。

物理模型制作是高中生物教学中培养学生思维能力、想象能力、动手能力及创新能力的重要途径，也是高中生物学科知识的重点。

构建物理模型的辅助材料有很多，可以倡议学生利用各种生活废旧物品做材料，但从班级教学整体可行性与教学有效性方面考虑，纸质材料在构建模型方面具有明显的优势。纸质材料成本较低，容易配备，在物理模型建构活动中可让每个学生充分参与；纸质材料种类较多，可以是卡纸或打印纸等；纸质材料易于裁剪与粘贴，容易构建模型；纸质材料色彩丰富，可根据作品的要求在艺术性方面有所突破；纸质材料物理模型作品易于收集与保存，方便交流展示；纸质材料在模型建构中的使用方法有多种，如绘图、拼图、构型等，能够较好地满足物理模型、概念模型及数学模型构建的需要。物理模型常用纸质材料进行绘图、拼图、平面构型、立体构型或制作模拟实验中的替代物。

例如，在学习细胞结构时，可以让学生以小组为单位制作细胞结构模型，并进行小组互评，加深对细胞微观结构的认知。学生用硬纸皮制作细胞壁、核桃制作细胞核，水果包装网作内质网来制作植物细胞模型（图4），也可用橡皮泥捏成各种细胞器来制作动物细胞模型（图5）。

图4　植物真核细胞的亚显微结构模型

图5　动物真核细胞的亚显微结构模型

又如，减数分裂过程中染色体及DNA的行为及数量变化，染色体、染色单体、同源染色体、四分体、染色体组等概念，一直是教学难点。为了帮助学生深入理解，可以让学生制作染色体剪贴模型，在黑板上用磁贴演示一条染色体复制后含两条染色单体的变化，学生可直观看清染色体与染色单体的关系及区别（图6）。在学习减数分裂过程时，学生对MⅠ前期同源染色体联会形成四分体及后期同源染色体分离不太清晰，可以让学生课后制作简易模型（图7），在桌子上根据不同时期染色体和行为变化进行摆放，在构建过程自查和解惑。课程结束后，可让学生小组合作制作减数分裂形成精子或卵细胞的过程模型（图8），使学生对减数分裂过程加深理解和记忆。

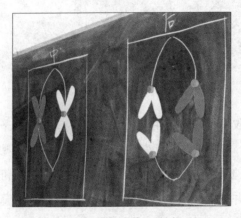

图6　染色体剪贴模型

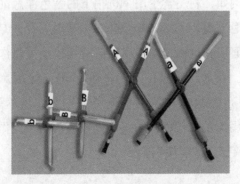

图7　四分体模型

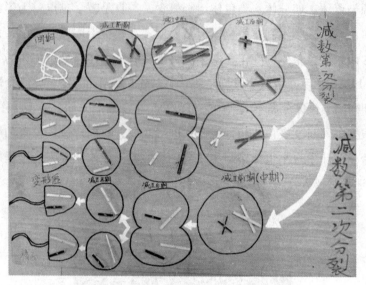

图8　精子形成过程模型

6. 示错情境的收集及巧妙应用

必修1模块《分子与细胞》有许多知识涉及细胞的微观结构，利用显微镜进行显微观察的实验就有五个。教学中，我允许学生带手机上实验课，让他们如实观察和记录，并对实验成功或失败的现象进行合理解释，对出现的错误，我会及时收集，作为示错情境，让学生通过认知的强烈冲突，达到加深记忆和纠正错误的目的。例如，利用学生用手机拍下的紫色洋葱细胞质壁分离显微图像，区别液泡和气泡（图9）。又如，选修3《基因工程》专题，让学生动手模拟重组DNA操作的剪切和拼接，学生出错的剪切模型可以作为示错情境让学生判断评价（图10）。再如，选修1《微生物的培养与应用》专题，让学生动手做分解尿素细菌涂布实验，一学生小组实验失败，培养基长满了杂菌菌落（图11），刚好被用作示错情境，与正确操作成功的实验作对比（图12），让学生明白正确的实验操作才能使实验成功。

图9 细胞质壁分离

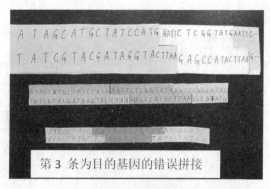

第 3 条为目的基因的错误拼接

图10 模拟重组DNA

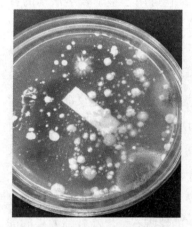

图11 失败的分解尿素细菌分离实验

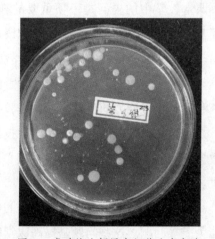

图12 成功的分解尿素细菌分离实验

三、创设教学情境应避免以下误区

不要忽视教学内容，喧宾夺主；不要忽视学生实际，一厢情愿；不要忽视真实状态，杜撰虚构；不要忽视科学严谨，牵强附会；不要忽视负面影响，投其所好。总之，教学情境是为教学内容服务的，不要为了创设情境而教学。

有 效 提 问

课堂教学中的提问是一项重要的教学手段，它可用于整个教学活动的各个环节，如新课的导入、新知识的讲授、课堂练习、分析归纳、试题讲评等。美国教学法专家斯特林指出：提问是教师促进学生思维发展、评价教学效果以及推动学生实现预期目标的基本控制手段。同时提问也是激发学生进行思考、探究和培养学习能力的重要手段，是教师输送信息，并获得信息反馈的主要途径，是教师必须掌握的一项基本教学技能。因此，在教学过程中，教师认真研究教学提问艺术，创设问题情境，精心设计提问过程对提高课堂教学效率意义重大。

高中生物教学普遍存在着教师提问频率过高、提问艺术水平偏低、学生提问能力差等问题。这些问题是提高课堂教学效率的绊脚石。提高教师的提问能力、培养学生的问题意识和能力、提高课堂教学的有效性是提高教学质量的关键。

一、课堂提问的概念

课堂提问，一般被认为是教学过程中教师的发问，而不同的学者对提问的概念的理解有所不同。其中一种观点认为：提问是课堂教学中进行思维和语言训练的一种方法。还有一种观点认为：提问就是教学过程中，教师根据一定的教学目的要求，针对有关教学内容，设置一系列问题情境，要求学生思考或回答，以促进学生积极思维，提高教学质量的一种教学方式。

我们对课堂提问的界定：提问是以问题形式引起对方回应的一个交流过程，包括发问方的提问和应答方的回答。因此，要使提问有效，必须要保证问题的有效、问题传播过程的通畅和应答方的注意和思考。在实际的教学过程中，发问方既可以是教师，也可以是学生，即课堂提问包括教师提问和学生提问两个方面。

二、课堂提问的意义

1. 深化教学改革，培养学生创新意识和能力

《基础教育课程改革纲要（试行）》指出："改变课程实施过于强调接受学习，死记硬背、机械训练的现状，倡导学生主动参与、乐于探索，勤于动手，培养学生搜集和处理信息的能力、获取新知识的能力、分析和解决问题的能力以及交流与合作的能力。"发现问题、分析问题和解决问题的能力是创新的基础，而这些能力能在课堂教学中通过师生双方共同提出问题和解答问题过程中得到锻炼发展。教师有艺术的提问可以使学生的思想更加集中，知识的掌握更全面，从而培养学生思维和创新能力；鼓励学生大胆质疑、敢于提出问题则是培养学生创新能力的关键手段。总之，课堂提问是培养学生创新意识和能力的有效教学策略。

2. 提高高中生物课堂教学的有效性

课堂教学是否有效并不是看教师能否激情洋溢地完成课堂教学，而是看学生的知识、能力和情感价值观等方面是否得到发展，可见学生的"学"才是评价课堂教学有效性的重要指标。深入研究课堂提问艺术，提高提问水平，不但可以让学生嘴巴动起来，还能让学生大脑动起来；不仅促进了学生思维发展，还能及时反馈学生学习情况；与此同时，创造条件让学生提问，不但能锻炼学生的语言表达能力，还能提高学生学习兴趣，切实改变低效或无效的教学状况。

3. 促进课堂教学的和谐发展

新课改要求我们更新教育和教学观念。在教学思想上，建设以"学"为本的模式，坚持以学生为主体，真正做到因材施教，实现由以知识传授为中心向以学生发展为中心的转变，由单向信息交流向综合信息交流的转变。在教学行为上，倡导教师以引导为主，精心创设问题情境，让学生有机会充分表达自己的理解和意见。在这个过程中教师可直接观察到学生的反应，了解学生的学习状态和掌握知识的程度，并且教师可根据需要进行适当的启发、追问、纠错甚至鼓励学生提问，从而创造较多机会进行师生、生生之间的相互交流，促进课堂教与学的和谐发展。

三、生物课堂提问存在的问题

1. 教师存在的问题

在课堂教学过程中出现了许多提问不合理的现象，主要表现在：

（1）提问没有层次性，难易问题无阶梯。

（2）提问没有普遍性，只提问好学生，不提问学困生；专提问一小部分学生，冷落了大多数学生。

（3）提问表述时语意不明，造成学生不知所云，无法回答。例如，教师在讲"酶的发现"时提问道："这时科学家的基本预测是什么？科学家的另一种预测是什么？此时科学家的假设是什么？"这样的提问表述不清或一次提出一连串问题，使学生从中找不到核心问题，无从下手，无法回答，导致提问无效而浪费了课堂时间，降低了课堂效率。

（4）提问过于随意。不能适时拓宽延伸，不会针对学生的回答和反应适度追问。例如，课前没有认真预设问题，喜欢"临场发挥"，无关问题过多，问题没有针对性。部分老师习惯问"好不好""是不是"等问题，这些问题并不能引起学生的思考。

（5）提问太多。一堂课如果有太多的问题，如《降低化学反应活化能的酶——酶的作用》的课堂中一共提出11个问题，就会使学生长时间地处于思考中，对新内容的消化吸收的时间减少，导致学生厌烦、懈怠，从而生成新问题的质量就会明显下降。

（6）对学生的回答不置可否，对学生的提问不予回应。

（7）课堂上只有老师问学生，没有学生问老师。

以上种种提问的做法，都是不科学的，不仅收不到预期的教学效果，还会扼杀学生学习积极性，更不用说锻炼学生思维能力了。

2. 学生存在的问题

（1）知识储备和认知迁移能力不足。知识是人类对客观世界的认识成果，是架在已知和未知之间的桥梁。充足的知识储备是提出问题的原料。学生所掌握的知识、技能越多，就越有利于问题的提出。如果学生知识的储备不够，即使遇到问题也识别不出来，就难于发现问题。当学生有充足的知识储备后，我们还应该让学生将所学的知识成功地转移，努力提高学生的知识概括能力，使他们能巧妙地组织已有知识和信息，这样学生才能顺利地发现问题和提出问题。

（2）缺乏必要的魄力与胆量。提出问题总是与克服困难相联系的，如他人的讥笑、消极悲观的情绪、胆怯懒惰的性格、知识经验的不足等，如果没有必要的魄力与胆量，学生就会遇难而退，不敢问。而学生的魄力与胆量是建立在学生的动机、兴趣和坚强的意志的基础之上的。这些都需要教师的重视、鼓励和培养。

（3）受周围环境的影响。学生的生存环境包括家庭环境、社会环境和学校环境。家庭环境和社会环境会影响学生提问的习惯，如果在一个民主的氛围中长大，学生的意见受到重视，那么他们就善于发现问题和敢于提问。而学校环境由学生集体和教师共同组成，它是学生提问能力培养的主阵地。良好的集体提问氛围能使班级成员在提出问题时相互启发，互相承认彼此的价值，形成健康的集体舆论，有利于学生提出问题。民主型教师和探索型教师授课往往有利于学生提出问题。

四、解决课堂提问常见问题的策略

1. 精心备课，充分预设课堂提出的问题

很多时候，教师提了一些目的不清、语意不明的问题而不自知，如在上《细胞大小与物质运输的关系》时提问：为什么大的生物体是由许多小的细胞而不是由较大的细胞发展而来？这个问题的用语就不够严谨明确。若在课前进行了问题预设，就能避免这类问题发生。此外，课前预设所提问题更有针对性，可提高教学效率。

2. 精练问题，去除无关问题，整合相似问题

对某些教学内容需要提出多个问题来帮助学生理解的情况，应注意问题的数目是否恰当，能否进行提炼整合。如在上《细胞膜——系统的边界》时，为了让学生形象地了解细胞膜的存在和功能，以鸡蛋作比，提出问题：①为什么鸡蛋清与蛋黄泾渭分明？②蛋黄膜是不是细胞膜？③将蛋黄膜刺破会出现什么现象呢？若把这些问题整合起来：鸡蛋中的蛋黄为什么不会流出到鸡蛋清中？这样提问既简捷又能促进学生进一步思考，能达到较好的教学效果，从而提高了教学效率。

3. 调整问题的难度

如果是较难的问题，就需要设置一定阶梯，使学生"跳一跳能摘到桃子"，做到既锻炼学生思维能力，又能让学生获得学习的乐趣和满足感。例如，在上《植物生长素的发现》一课时，请学生设计实验解决问题"胚芽鞘尖端所产生的影响如何传递到下部？"学生几乎毫无头绪。若在设计实验前，教师引导学生分析：胚芽鞘尖端所产生的影响就是一种信息，而信息的种类无非是电信息和化学信息，但电信息必须沿着神经纤维进行传导。因此，问题就转化为"如何通过实验证明胚芽鞘尖端所产生的影响是化学物质"。这样，学生的思考更加明确，可以更顺利地把实验设计出来。

4. 创设情境，让问题生活化

情境的创设，不但起到了集中学生精神，让教师所提的问题成为学生关注的焦点，还能使抽象的内容更加具体形象，容易理解。例如，在讲细胞膜的功能时，若先把玫瑰花瓣放在清水中，然后加热，让学生观察其变化，然后提问：为什么水会变红呢？从而引导学生归纳出细胞膜的功能。这样，学生就可以通过对问题的思考，从感性认识上升到理性认识。

5. 提问后要留有足够的时间让学生思考或者讨论

教学的关键是学生的"学"，而学生能够有效学习的关键是积极思考，因此，在教师提问后要留给学生足够的时间思考和讨论，鼓励学生发表意见和提出问题。例如，在讲酶的本质和作用时，教师提出问题：对于酶，你知道些什么？还想知道些什么？这样的提问一方面能提高学生的发言能力，另一方面还能让学生感受到教师对他们看法的重视，有利于课堂教学的和谐发展。

6. 重视学生的回答，做出合理的评价

在心理学上，人都是希望被重视的，尤其是学生更希望被老师重视，但有些老师对学生的回答不置可否，而是急于让另外的学生回答，渴望摆脱一问一答的模式，但这种方式伤害了学生回答问题的积极性。有些教师虽然做出评价，但评价十分空洞，千篇一律是"很好""对"等，不能具体指出学生的回答好在哪里，不好又在哪里，让学生有所收获。正如德国教育家第斯多惠所说："教学的艺术不在于传授本领，而在于激励、唤醒、鼓舞。"重视学生的回答，做出合理的评价就是对学生唤醒和鼓励的一种很好方式。

五、优化高中生物教学课堂提问的策略

1. 高中生物课堂教学的几种提问方法

对课堂教学所提问题，教师必须根据教学的具体要求进行通盘考虑：如何设计问题、设计几个问题、用什么方法提问、通过提问达到什么样的教学效果等。下面总结了高中生物必修教材课堂教学的几种提问方法。

（1）突破教学重、难点的理解型课堂提问。

这类理解型课堂提问是在教师分层设置的问题引导下，学生能用自己的语言对事实、现象、本质、特征进行归纳。

每节课的教学内容都有重点和难点，突出重点、化解难点是课堂教学成败的关键。在高中生物教学中以问题引导学生进行思考和讨论，是一种突破教学重、难点的有效方法。因此，根据教学内容的不同和学生的认知能力，可层层设置问题，教师可根据学生现场表现引导释疑或步步追问。

例如，笔者在上生物必修1《物质跨膜运输的实例》一节的"渗透作用实验"时，进行了层层设问：①能通过半透膜的是水分子还是蔗糖分子？为什么蔗糖分子不能通过半透膜？②水分子是双向还是单向透过半透膜的？③漏斗内的液面为什么会上升？④如果用一层纱布或塑料薄膜代替玻璃纸，漏斗管内的液面还会升高吗？⑤如果烧杯中不是清水，而是蔗糖溶液，漏斗内的液面会如何变化？⑥如将膜两侧换成同样浓度的蔗糖溶液，结果会怎样？在教师的诱导下，学生带着问题边观察边思考，学生的思维通道打开了，归纳出渗透作用的基本条件。在思考过程中还提出疑问：既然半透膜是水分子通过，其他大分子不能通过的结构，那么，可以不用玻璃纸而改用其他结构吗？完成渗透作用是否一定要具有半透膜和膜两侧溶液浓度差？成熟植物细胞是一个渗透系统，发生质壁分离和复原是否也一定要具备以上两个条件呢？我用凉水泡洗菊花，水是无色的，而用开水泡菊花茶，水却是黄色的，难道也是发生渗透作用了吗？这时，老师可抓住契机，让学生进行讨论，然后对所提的问题做出合理的解释，老师做适当的点拨。由于问题是学生自己发现的，所以，学生探索的积极性非常高，从课堂练习反馈出学生掌握得很好。

（2）体验科学发现过程的分析型课堂提问。

这类分析型课堂提问是教师根据科学发现过程设置的问题，引导学生识别

条件和原因，或找出条件和条件之间、原因和原因之间、原因和结果之间的关系。

例如，邝红梅老师在上必修1《生物膜的流动镶嵌模型》这部分内容时，一改传统的"老师讲—举例说明—练习巩固"的学生被动接受的方式，而是以"问题导学法"创设问题情境，使学生主动思考，对生物膜的成分以及膜模型进行探究，提高学生分析问题的能力。邝老师先展示科学家所进行的实验：根据相似相溶原理，脂溶性的物质易通过细胞膜，非脂溶性的物质不易通过细胞膜。然后提问：你能就细胞膜的成分提出什么假设？应用你现有的知识，你能用什么方法证明蛋白质的化学成分呢？创设实验情境，让学生在模拟实验中分析细胞膜的成分（磷脂分子和蛋白质），了解生物科学探究的方法。接着提出磷脂分子如何构成细胞膜结构的问题，让学生进一步探究生物膜的结构。在一系列的科学研究材料和问题的引导下，学生对关于膜的成分和结构探究的兴趣被激发了，能积极思考并提出各种想法。教师抓住这个契机，进一步提问：科技的发展对生物学研究起到什么作用？你觉得当年的科学家提出的膜的模型与你知道的哪些生物现象相互矛盾？你能用什么方法探究膜的结构不是静止的？引导学生对问题进行分析和探索，经过假设、讨论、归纳等一系列再发现的认知操作过程，找到解决问题的关键。在这样的课堂教学中，学生分析问题的能力和创新能力都得到了锻炼。

（3）培养综述能力的评价型课堂提问。

这类评价型课堂提问是教师根据社会热点或生产生活实际设置问题，鼓励学生对问题予以判断、评价，并陈述理由和依据。

在上必修3"探究植物生长调节剂对扦插枝条生根的作用"实验课前，让学生讨论以下问题，并发表意见和看法：①植物生长素调节剂对扦插枝条生根的影响因素有哪些？②如何探究不同变量对扦插枝条生根的影响？③为了能在一节课内探究不同变量对本实验的影响，你打算如何改进实验？给学生时间思考讨论，要求写出简单的实验设计方案，通过展示、评价进一步完善实验设计方案。例如，第一小组代表简述设计方案：配制0.2ppm、0.4ppm、0.6ppm、0.8ppm、1.0ppm、1.2ppm的2，4-D溶液，分别浸泡枸杞枝条，浸泡24小时后，放入清水中培养，每隔6小时观察其生根情况，做好记录。一小会儿，其他组成员纷纷举手提出质疑：①每隔6小时观察一次生根情况违反了可行性原则，我们现在是上午十点，如果每隔6小时观察一次，岂不是每天要有一次是在凌晨4点做观察记录吗？②不同植物枝条实验结果一样吗？我们打算用月季枝条。③我们觉得不同的培养方法也可能会影响实验结果？如果用泥沙培养效果又如何呢？这些想法马上得到热烈响应。大家七嘴八舌，"影响本实验的变量除了有2，4-D溶液的不同浓度外，还有枝条的种类、大小、培养方式（水培或沙培）、培养时间、不同温度等"。当学生们进入了学习的矛盾区，出现了"愤悱"状态时，再适时点拨："如果一个实验中同时出现多个变量，你能判断出影响结果的因素吗？"学生很快领悟到了控制单一变量的实验原则。接着又进一步追问："同学们既要遵循单一变量原则，又想知道刚才大家提出的各种不同因素对本实验有何影响，我们又该如何做呢？"学生短暂沉默思考后，有学生提出："我们有15个小组，可以探究多个变量的影响，每个变量可由2~3个小组来对照完成，最后再由全班汇集观察结果，我们不是可以一次实验获得多组实验数据吗？"这一提法马上得到了学生认可，我用赞许的眼光环视全班同学，对他们的创新思维给予高度评价"非常好！科学家的研究成果就是在大家的集体智慧中产生的，我们开始分组实验"。教师创造情境和机会让学生叙述和评价，通过适时点拨，以赞许的眼光、夸张的表情对学生的评价给予肯定和鼓励，使学生在相互讨论、辩驳中不断进行思维碰撞，发现问题、提出疑问、解决问题。长此以往，学生的分析、评价等综合能力必有提升。

2. 引导学生提问的主要措施

（1）营造轻松、和谐、民主的课堂气氛——让学生敢问。

罗杰斯提出了发挥创造性的先决条件：心理安全，心理自由，他认为羞怯、虚伪、消极评价、不受尊重是最不利于发挥学生创造性的。

教师要"蹲下身子与学生对话"，让学生感受到自己被别人重视和尊重，在平等、互相尊重的气氛中进行对话和交流。和谐、民主的课堂气氛是保证课堂提问顺利进行的必要条件。课堂教学过程中教师与学生情感的和谐非常重要，教师提问的态度要亲切自然，切不可生硬、牵强或模棱两可；教师要以自己的激情去感染学生，使学生乐于回答问题；教师要尊重学生，认真听取学生的回答，允许学生有插话的机会，允许学生发表不同的意见，而且对有独到见解的学生要给予肯定。在民主的课堂气氛中，提倡学生在课堂上寻找出教师的错误，对书本的错误提出质疑，培养学生敢于怀疑、敢于否定权威的意识，形成民主和谐的课堂教学，可以达到良好的课堂教学效果。

（2）创设利于学生提问的多种途径——让学生想问。

在教学过程中，教师有意设计一些新颖的、充满悬念的或与生活经验冲突的情境，让学生产生一种追根溯源的欲望，此时学生很自然地全身心投入其中，思维一下子就打开了，教师稍加点拨，学生们就会提出各种各样的问题，对知识的理解可以达到事半功倍的效果。或在教学中，教师可故意设疑，使学生带疑而思，有思则问。例如，在学习植物渗透吸水的知识后，可以提出"夏季高温的中午，用冷水灌溉，植物反而会出现萎蔫现象，为什么？"

（3）教给学生提问的常见方法——让学生会问。

"授人以鱼，只供一食之需，教人以渔，则终生受用。"要使学生善问，必须"教以渔"。课堂上，有时学生提出的问题抓不住要领，有时提出的问题太简单，没有思维价值，有时冥思苦想提不出问题。这就需要教师的引导，也就是教师要教给学生质疑的方法，让学生了解可以从哪些方面着手提问。在教学活动中，教师首先要教给学生提出问题的几种思维方法：①模仿提问法。让学生模仿老师的提问，这对老师提出了更高的要求，因为老师要善问，学生才能会问，所以教师要仔细研究提问的艺术，每提一问都要有明确的目标及思维方向。②阅读提问法。上课前通过预习，把教材不懂之处用问号标注，再用铅笔把自己不能回答的问题写在教材边角处，便于课堂提问。③比较提问法。为了让学生发现矛盾，激活思维，在巩固旧知识学习新知识的同时，提高认识事物的能力，养成利用分析的方法解决问题的习惯，可运用对比、类比等比较的方法设计提问，如学习光合作用和呼吸作用时，可对二者的代谢类型、物质变化、能量变化、场所、条件等进行比较。

（4）为学生提问创造条件——让学生养成提问的习惯。

遇事三思，遇事多问个为什么，这是良好的思维品质的表现。问题并不一定在课堂中才有，日常生活中，能够看到、听到、想到、感觉到无数信息，只有多问、好问，才能由生疑到质疑最后释疑，从而使提问不流于形式，真正培养了学生的思维能力和创造能力。

为了提供给学生更多提问的机会，教师应鼓励学生课外有问题就问，可以问老师、问同学、问家长或者把问题写在问题卡上夹在作业本里向教师提问，更可以在班级里开辟一个问题专栏，让学生们在问题专栏里你问我答，一段时间下来，可以评选出最佳问题和最佳答案，给予适当的奖励等方法。在培养学生的提问意识时，可采用课前5分钟小组自由讲，由各小组根据兴趣准备相关生物学知识做成PPT汇报展示，学生小组合作学习，不定期以演讲、汇报或辩论的形式反馈学习结果，及时给予学生过程性评价，让学生体验成功或找到不足，大胆表达自己的意见，使学生们不但共享知识，更重要的是使思维形成交锋，从而达到优势互补，相互提高的目的。在第二轮复习时让学生每一小组各命一道模拟高考题，要求必须原创，小组派代表上讲台展示，说明出题意图，提供并解释参考答案，随时解答学生提出的疑问，这就"逼"着学生必须学会合作，学会提问和应答，学会思考，逐渐形成好的提问习惯。

另外，通过建立班级"问题本"，让每个学生之间相互提问和解答，并加强检查与跟进。例如，2015届高三（9）班生物问题本，要求：①每节课按学号每位学生提一个问题；②其他同学按倒序学号在本子上回答相应问题；③轮流到提问的同学，记录同学上课提出的问题；④每天一问一答，每问一页纸。具体做法是将"问题本"由科代表管理，教师定期检查反馈，要求按学号顺序每天一位学生提一个问题（可以是自己感兴趣的问题，也可以是课堂上有些同学提出的问题），每天由一位同学回答并签名确认。他们在相互应答中学会自己查资料、相互提问、学会严谨作答，更培养了学生终身学习的能力。

爱因斯坦说，"发现问题比解决问题更重要"。我们教学的根本目的，不是要让学生解决多少具体问题，而是要学生学会提出问题，鼓励学生带着问题走进教室，带着更多的问题走出教室，使学生具有挑战权威、叩问经典的勇气。我们教师明白了这一点，才会充分认识到学生的学习主体性，抓住学生的好奇心、求知欲，实施"能力教学"，长期如此，学生的问题意识自然会逐渐形成，培养新型的、具有创新精神的人才才不会是一句空话。

有 效 讲 评

"备、上、考、辅、评"是教学的几个基本环节，了解学生学习及掌握知识的常用方法就是测试，特别是在高考备考过程中，测试是经常采用的手段。高三周测、月考、模拟考等大大小小的考试很多，讲评课占了复习课的三分之一以上。因此，试卷讲评课的有效性尤为重要，一堂高效的讲评课应是经过教师深思熟虑的精心设计，实现纠错、补遗、拓展、提升和激励等功能。

讲评课的目的是帮助学生纠正错误、查漏补缺、加深理解、强化巩固、拓宽思路、揭示规律，使全体学生扎实基础、提升能力。

一、学生答题暴露的主要问题

（1）基础知识不扎实，遗忘率高。

（2）审题不细丢关键词，答非所问。

（3）专业术语未重视，书写不规范（如将类囊体写成类襄体）。

（4）核心概念不清晰，混淆作答（如寄生与捕食、环境容纳量）。

（5）读图及理解能力低，析因和表达不准确。

（6）实验设计及分析能力不强。

（7）心急赶时间，做题粗心，失分多。

（8）不能合理统筹安排考试时间和各题顺序。

学生作答存在问题主要归纳为基础不扎实、解题不规范、答题的速度和质量不高等方面。

二、教师讲评存在的主要问题

（1）战略偏差。通过刷题提高分数，认为熟能生巧，讲求速度，缺少讲评。

（2）讲评无重点。讲评时面面俱到，缺乏针对性，重试卷答案的了解，轻学生答题情况的把握和分析。

（3）就题论题。重结果、轻过程，缺乏对解题思维过程的指导及思路的构建。

（4）重教师讲解、轻学生主体参与，不能很好调动学生积极反思和巩固提高。

（5）对学生多批评责备、少鼓励激发，缺少对学生情感上的引导和学习动力的激发。

这样的讲评课，使学生对教师讲过的内容记不住或死记硬背，容易造成"一听就懂，一看就会，一做就错"的学习低效、考试低分的结果。

三、试卷讲评课应遵循的基本原则

（1）目标明确原则。有的放矢，明确这节课要解决的主要问题。

（2）重点突出原则。学生存在差异，在有限的一节课中不要面面俱到，造成会的学生不想听，不会的学生装不进的矛盾。

（3）针对性原则。课前教师要自省，多问几个为什么学生会在这道题（这类问题）上出错？然后才能诊断出症结，解决关键问题。

（4）情感激励原则。教师可让学生讲述为何做错及当时答题的思路，给予耐心的指导。

（5）主体性原则。教师可以让学生小组利用20分钟时间自我和相互解决问题，确实不明白的再由教师讲解。

（6）归类分析原则。对于一份知识点繁多、综合性强的试题，建议归类讲解并变式训练突破。

（7）启发性原则。教师指导学生阅读题中的关键字、词、句，挖掘题中的隐含条件，归纳解题的思路和方法，与学生一起构建答题模型。

（8）矫正补偿原则。对典型错误的试题（包括错解），让学生收集在"错题集"中，学会总结和反思，做到一题一得，举一反三。

四、"问题反思式"生物试卷讲评课模式

高中生物试卷讲评课中，不少教师对试卷讲评课的性质、功能和地位认识

不到位，存在讲评方式单一，就题论题，重结果、轻过程，重教师讲解、轻学生主体参与的现象。特别是高三学生课业繁重、测试繁多，讲评课的质量尤为重要，经过多年的研究我们提出了"问题反思式"讲评课模式。

苏格拉底曾说过："问题是接生婆，它能帮助新思想的诞生。"错题中蕴藏着很多宝贵的问题，是反映教和学实情的一面镜子。"学源于思，思源于疑"，以问题促进学生积极反思是"问题反思式"讲评课模式的起点。因此把错题"问题化"，先暴露学生存在的问题，再根据问题找准突破口，然后对材料进行重组整合，重点突破，才能做到解决问题，并提升拓展能力。

因此，我们把"问题反思式"讲评课模式归纳为"暴露问题—重组整合—重点突破—促进反思"四环节，见表1。

表1 "问题反思式"讲评课模式

环节	课前		课中	课后
教师	暴露问题	重组整合	重点突破	促进反思
学生	初次反思，发现问题	自主合作，解决问题	再次反思，归纳整理	—

以下详细介绍具体的做法。

1. 暴露问题

考试的一个重要功能是诊断与反馈，尤其是在复习阶段，通过考试暴露出学生学习过程中存在的问题，才能有针对性采取一定的措施来解决。因此，从答题情况及其成绩中找出学生存在的问题是试卷讲评课的重要前提。

第一，对学生来说，在试卷讲评前提供答案，给予学生自主思考的时间，找出自身存在的问题，通过查阅课本、笔记和相互讨论等途径初步解决一些问题，发现依然存在的问题。

第二，教师针对选择题的特点，可通过机器改卷得出的答对率及误答选项，分析错误集中分布的考点及学生可能存在的思维误区。例如，一次考试选择题的难度为0.71，总体难度不大，但个别题目答对率只有0.13%~0.33%（表2），这些题目的答对率明显偏低，但不代表学生就是对知识掌握不好，其原因可能是题目本身的问题，如第32题，内容偏离了主干内容，之前上课并没有讲过。因此，不是答对率低的题目就是重点突破的内容，课堂上重点突破的内容应该是答得不好的主干内容以及能力要求较高的题目，这样才能进一步巩固学生所学知识，提高学生答题能力。

表2　部分试题正答率

题号	4	9	11	15	19	20	21	25	27	29	30	32	36	37	38	40
答案	A	C	A	A	A	D	C	C	C	A	B	A	AB	BC	AD	BD
正答率%	0.69	0.44	0.55	0.48	0.5	0.6	0.33	0.67	0.74	0.7	0.31	0.13	0.45	0.36	0.33	0.35

经过筛选，初步确定了课堂上重点讲评的选择题：

第9题：神经调节中兴奋在神经纤维上的传导；

第11题：血糖调节；

第15题：神经调节与体液调节的关系；

第21题：植物的向光性的运用；

第30题：二氧化碳对呼吸的调节；

第40题：植物生长素的作用。

这些题目反映出学生对必修3第二章《动物和人体生命活动的调节》掌握情况不理想。因此，教师对这些题目要仔细分析学生错选的选项，揣摩学生想法；再如多选题，这个答对率只是完全正确的比率，不少学生是漏选的，因此，还要仔细查看漏选的选项，才能更全面地掌握学生的答题情况。

第三，对非选择题，在改卷时除了注意学生错得多的地方之外，还应重视学生表达上常出现的错误及答题方向是否准确等问题。例如，一次测试中考查了学生写出探究实验的目的，标准答案是"萘乙酸促进玉米试管苗生根的最适浓度"，但学生往往把"萘乙酸"答成"生长素"，把"生根情况"答为"生长情况"。因此，根据学生具体的答题情况进行讲评，更有针对性，把典型的错误收集起来，在课堂上展示并展开讨论，更能引起学生的重视。

第四，通过学生的提问及主动找部分学生进行交谈，了解学生的答题情况及想法。虽然卷面情况能反映出学生的掌握情况，但学生错误的原因、思维的误区，不同的学生是不一样的，因此通过与学生谈话分析，能更准确地找出学生存在的问题，引导学生分析自身错误，从而纠正与提高。

我们可以通过以上这些途径对试卷答卷情况的分析以及学生答题情况进行了解，找出课堂讲评需要重点解决的问题。

2. 重组整合

试卷讲评的最常见情况是根据错题逐题讲评，讲一题算一题，虽然这样备课量较小，但不能帮助学生形成一定的知识网络，无助于学生提高拓展迁移的能力。因此，教师应根据学生存在的问题，重组材料，具体做法有以下几种：

第一，对试题进行分类，可根据知识点进行归类，也可从题型、能力要求等进行分类，如信息题、图表题等。

第二，对错题进行分析，弄清哪些题是学生看书就懂的，哪些题是学生思考或讨论就能解决的，哪些题需要教师重点解释，如对上面考试情况的分析，尽管第4、20、25、27、29题答对率不算高，但总体难度并不大，主要原因是部分选项具有迷惑性，因此对这样的题目教师可以引导学生通过学生自主学习及互助的方式解决。这样的分类有助于课堂上讲、论、练等学习活动的安排，使课堂氛围动静相宜。

第三，对重点突破问题，先分析学生存在的错误原因，对此梳理解题的思维过程，并针对该问题设计1~2题变式训练。通过变式训练深化理解、强化记忆，进一步归纳提升总结方法。

3. 自主合作，重点突破

（1）重点突破。

通过课前对题目的分析和分类整理，找出学生存在的突出问题，在这些问题的解决上教师应起主导作用，安排好讲解、提问、变式训练等学习活动，达到解疑、归纳、提升等效果。具体做法有以下几种：

第一，引导学生分析试题，构建解题的思维过程。教师可先通过分析试题及课前对学生解题错误的原因进行了解，找出学生思维症结所在，示范解题的思维路径，帮助学生习得正确的解题思路。

第二，通过归纳总结，巩固基础知识。在学生明晰了自身解题错误原因的基础上，教师对相关的基础知识进行归纳总结，如可采用填空、知识网络、流程图等方式来巩固基础知识。下面以第11题为例。

巩固训练1：结合血糖的来源和去向（图1），胰岛素促进＿＿＿＿等过程，胰岛素促进＿＿＿＿等过程。④过程加快，血糖浓度将＿＿＿＿。

食物中的糖类消化吸收 ①
糖原的分解 ②
非糖物质的转化 ③
血糖
④
组织细胞
⑤ 氧化分解
⑥ 合成糖原
⑦ 转变成脂肪和某些氨基酸

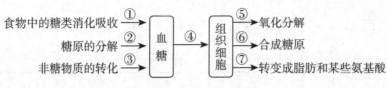

图1　血糖的来源和去向

通过训练进一步巩固血糖调节的基本原理，此外还可以通过绘出或完善调节过程来构建知识网络，如图2所示。

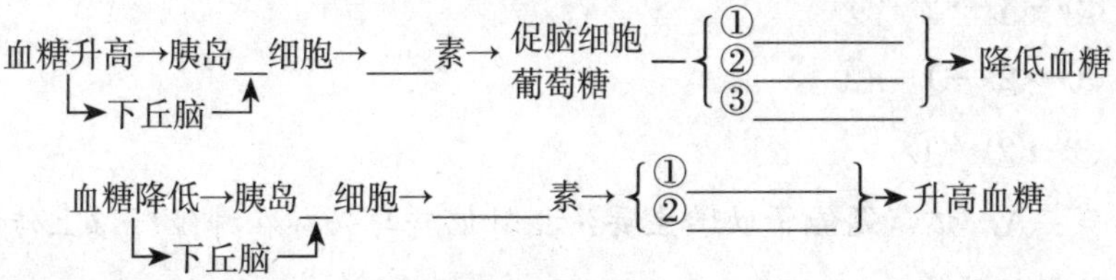

血糖升高→胰岛__细胞→____素→
下丘脑
促脑细胞
葡萄糖
①
②
③
降低血糖
血糖降低→胰岛__细胞→______素→
下丘脑
①
②
升高血糖

图2　血糖调节过程

第三，通过变式训练巩固基础，深化理解拓展提升。把变式训练试题按难度从小到大排列，让学生既巩固基础又拓展提升，还能激发学生的挑战心理，获得成功体验，变式训练是学生学会举一反三的有效手段。下面以第9题为例。

9. 图3为测定神经元电位变化的示意图，刺激图中a、b两点，指针偏转的次数分别是（　）。

a
b

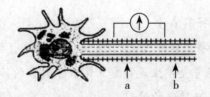

图3　神经元电位变化的示意图

A. 1、1　　B. 1、2　　C. 2、2　　D. 2、1

答案：C

题目考查了兴奋在神经纤维上传导的具体过程，是核心知识。对此再选取两题进行变式训练，第一题用来巩固基础知识，第二题用来进一步拓展提升。

变式训练1：若在图4甲所示神经的右侧给予适当的刺激，则电流表偏转的顺序依次是（　）。

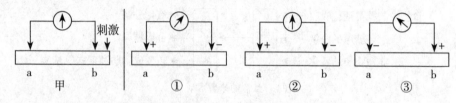

图4　刺激神经电流表偏转

A.②→①→②→③→②

B.②→③→②→①

C.③→②→①→①

D.③→②→①

答案：A。该试题能帮助学生弄清指针偏转与兴奋在神经纤维上传导时膜内外电位变化的关系。

变式训练2：观察下图5、图6，判断下列说法中错误的是哪一项（　　）。

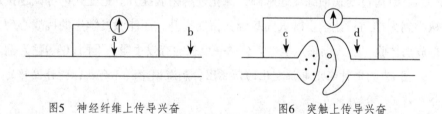

图5　神经纤维上传导兴奋　　　　　图6　突触上传导兴奋

A. 刺激a点，指针将不偏转　　　　　B. 刺激b点，指针将偏转两次

C. 刺激c点，指针将偏转两次　　　　D. 刺激d点，指针将偏转两次

答案：D。这题能考查学生是否真正掌握了兴奋的传递规律。通过试题的训练与讲解全面掌握兴奋传递的过程。

第四，通过改编试题，提高知识迁移能力。下面以第21题为例。

21.在方形暗箱内罩有1盆幼苗，暗箱一侧开一小窗口，固定光源的光可从窗口射入。把暗箱放在旋转器上水平旋转（暗箱能转动，花盆不动），保持每15min匀速旋转一周（图7）。一周后幼苗生长状况为（　　）。

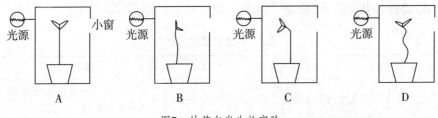

图7　幼苗向光生长实验

对这道试题进行分析讲解以后，学生是否真的懂了呢？因此对题干中的重要信息"暗箱能转动，花盆不动"改为"暗箱和花盆一起转动"，让学生再练一下，达到融会贯通的效果。

（2）自主合作。

对于课堂上的试卷讲评，教师只能解决一些重难点问题，不同的学生依然存在不一样的疑惑，教师也无法面面俱到，若一刀切全由教师讲，则总会有部分学生不想听，这样的课堂效率就难以提高。因此，对其他错误率较高的试题，教师可通过学生相互提问、合作讨论的方式来解决，增加学生的自主性和能动性。有研究表示，学生在讨论或合作过程中，当发现他人观点与自己不同时，便产生强烈的求知心理，这时学生比较容易接受新的、正确的科学观念。学生要么找出更多的信息或依据说服他人，要么被他人说服，接受新的经验和认识。合作学习有助于学生克服错误观念，使学生超越自己的认识，通过吸收他人与自己不同的观点，看到事物的其他方面，从而对概念的理解更加丰满。在讨论的过程中教师可以给予适当的引导，引导学生更多地通过教材解决问题，引导学生更好地分析错误原因。

4. 归纳整理，促进反思

没有反思就没有进步。尽管课堂上能解决大部分问题，但独立自主的反思是非常重要的，就如雨后春笋，如果没有冬天的能量积蓄就不能破土而出，学生的反思就是为进一步提高成绩积蓄能量。但如何促进学生进行反思呢？若只是让学生把错题重做一遍或写几百字的考试反思，并不能真正引导学生进行反思，因此需要教师精心设计作业促进学生反思。例如，让学生针对错题进行分析——考点是什么，课本上哪页有该内容，解答错误的原因是什么，用表格的形式归纳整理（表3），也可以针对题目进行分析（15题）。此外教师还可以要求学生在订正原有错误的基础上，对某些试题进行改造，使旧题变新题，或者找出以前曾经做过的相似的题目进行整理。

表3　表格式错题分析

试题题号	知识点	书本页码	错误原因
3	体液免疫的抗体分布	P37	不知道组织液与淋巴里也有体液免疫的抗体
8	大脑皮层的功能	P21、P20	不明白大脑皮层S区的作用
17	什么叫非特异性免疫	P36	误认为胃酸杀死病原微生物是体液免疫
29	生长激素的分泌器官	P25	误认为生长激素为生长素
32	过敏反应	P38	不知道过敏反应属于什么免疫
36	内环境中的物质	P3、P4	判断不出哪些物质属于内环境中的
37	人在寒冷中身体的变化	P32	只记得皮肤血管收缩
39	参与体液免疫调节的细胞	P37	误认为T细胞只参加细胞免疫

针对题目的分析：

15.下列关于神经调节和体液调节的叙述，错误的是（　　）。

A.体液调节的信号是激素，神经调节的信号是神经冲动。

B.动物的生命活动往往同时受神经调节和体液调节的影响。

C.某种意义上，体液调节可以看作神经调节的一个环节。

D.神经调节和体液调节都有分级调节现象。

解析：A体液调节可以是其他调节因子，如CO_2、H^+、pH值调节（P31），B、C正确，D中分级调节是指：脑→脊髓→身体各部分。

对一些重要的章节，教师在考完试后引导学生进行归纳整理，构建知识网络或思维导图，进一步巩固基础。思维导图是通过带顺序标号的树状的结构来呈现一个思维过程，是一种将放射性思考具体化的方法。它以直观形象的方式进行表达和思考，非常接近人的自然思维过程。例如，对《动物或人体的生命活动调节》这一章，内容相对较多，理解难度较大，教师可以让学生以"稳态"核心关键词展开联想，把相关的内容绘在分支上，让他们逐渐建立起知识网络。绘图可作为一种学习策略，促进学生整合新旧知识，建构知识网络，浓缩知识结构，从而使学生从整体上把握知识；绘图也可以作为一种认识策略，提高学生的自学能力、思维能力和自我反思能力。

本模式以问题为中心，以变式为手段，以互动为平台，以反思为目的，教师在实施的过程中需要注意以下几点：

（1）找准问题的关键。人们常说台上一分钟，台下十年功，当教师又何尝不是。要想课堂高效，尤其是讲评课，课前的准备工作一点都马虎不得，分析试题，分析成绩，分析学生，把问题找准，讲评才能有的放矢。好的开始已经成功了一半，也就是这个道理。

（2）教师精讲，学生精练是保证。有效课堂的特征在于一个"精"字。教师精心设计教学过程、精心安排解题过程、精心挑选变式试题都是为学生这个主体服务的。如何在有限的课堂时间达到效益最大化，是必须进行取舍和科学安排的。

（3）互动平台的构建是途径。学生被动接收信息的课堂效率是低下的，教师可通过问题引导、组织讨论等活动提高学生的参与主动性，激发学生主动求解的积极性。

（4）促进反思是核心，达到领悟是目的。学生的学习一方面在于"思"，另一方面在于"悟"，"思"是"悟"的前提。在复习阶段，培养学生常常反思的习惯尤其重要。教师合理采用不同的方式方法促进学生进行反思、归纳总结，其目的是使学生在反思的过程中"悟"出自己的门道来。

有 效 复 习

在整个备考复习阶段，课堂复习教学是关键。落实好知识点、培养学生能力、提高复习有效性是备考成功的关键。我们强调在教学中坚持三个原则：①"以学定教"的原则，即重视学生和学情分析，根据学生实际进行教学；②"高效教学"的原则，即加强集体备课，优化教学设计，精讲精练，使学生每节课都能学有所获；③"重导提能"的原则，即挖掘教学内容，引导学生思考，提高学生审题、阅读和信息收集、综合分析、运用等能力。

有效复习就是学生在完成新授课的教学任务后进入高层次的温故知新的过程中，教师选用多种复习方式和手段，用最少的时间、最小的精力投入，让学生内化知识形成能力，实现特定的教学目标，取得最好的复习效果。为此，为解决复习课存在的"满堂灌""炒冷饭"、被教辅用书牵着走、直接使用网上课件的问题，我们通过多年研究，整合出以下复习模式。

一、"导—学—练—结"一轮复习模式

在高三总复习中，生物学一轮复习约占高三总复习时间的三分之二，复习内容覆盖五本教材模块的全部内容，复习要求学生在巩固基础知识的前提下，拓宽知识面，加强知识之间的内在联系，使知识整体化、系统化，从而提高学生的生物素养和综合应用能力。生物学一轮复习具有复习时间长、覆盖面广、夯实基础和提高能力的特点，是高三总复习的撒网阶段，是高考成功的关键环节。

而很多普通高中的生物一轮复习，往往没有研究和整合有效的复习模式，多数是被教辅用书牵着走，按照"做—讲—练（对答案）—再讲—再练（再对答案）"的模式进行，既没有根据学生的具体情况突出重难点知识，也没有对

知识重新加工和整合。学生在课堂上学到的知识缺乏系统性，也少有学生对问题的探讨和生成，学生思维能力得不到锻炼，能力得不到提高。这样复习容易使学生对教师讲过的内容记不住或死记硬背，造成"一听就懂，一看就会，一做就错"的低效学习结果。

所以，一轮复习要唤起学生对已学知识的兴趣，就要将旧知识新呈现，让学生自主参与复习，引导学生对知识再加工，使加工后的知识不再是独立的"死"知识，而是能随时调用、分析、迁移、转换、重组的"活"知识。在实践、反思、再实践、再反思中，我们总结出了"导—学—练—结"一轮复习模式。

"导—学—练—结"一轮复习模式的操作程序如图1所示。

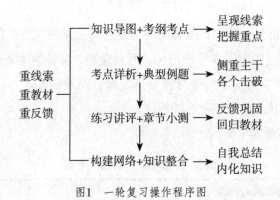

图1　一轮复习操作程序图

（一）导——呈现线索，把握重点

学生在学习中容易犯"只见树木，不见森林"的毛病，将学习内容分割成一个个小的知识点进行学习和记忆，缺乏整体性和全局观，或"眉毛、胡子一把抓"，复习知识零碎，不能突出核心主干考点，增加了记忆难度，从而影响了学生对知识的迁移和发散思维能力的形成，费时费力收效低。

在一轮复习中，我们尝试引导学生通过知识导图搭建框架把握章节复习要点，通过明确考纲要求将考点细化，让学生对所复习的章节内容中知识点的分布、彼此间的关系及地位了然于胸，这样复习起来线索清晰，效果更好。

例如，在必修1第5章第4节《能量之源——光与光合作用》中，分三步对学生进行"导"。

1. 呈现知识导图（图2）

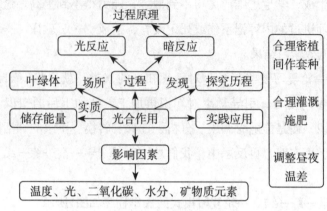

图2　知识导图

在PPT上以揭开面纱的形式逐部分呈现，并且采用"先提问再呈现"的方式，在一定程度上唤起了学生的记忆，起到检测、反馈学生掌握情况的作用，这样处理不仅使学生学习的参与度更高，而且使教师复习知识时的针对性更强，能够重点解决学生普遍存在的问题。

2. 呈现考纲要求（表1）

表1　生物考试大纲相关考点

1-3细胞的代谢	要求
光合作用的基本过程 影响光合作用速率的环境因素	Ⅱ Ⅱ
5-1分子与细胞	要求
叶绿体色素的提取和分离	实验与探究

3. 呈现细化考点

考点分布：

（1）进行实验：叶绿体色素的提取和分离。

（2）说明光合作用的探究历程。

（3）说明光合作用的原理和过程。

（4）列举说明影响光合作用的因素。

（5）区别光合作用和呼吸作用。

（6）简述化能合成作用。

（二）学——侧重主干，各个击破

这部分内容的教学通过对考点进行详细分析并配合讲练典型例题来具体落实。详析考点的原则有：①学生自己已经会的不讲；②学生自己能学会的不讲；③很多学生听了也不会的，要尽量少讲。对例题和习题的选择则讲究"少而精"，不选偏题难题怪题，学生不易理解的重难点内容可增加变式训练，侧重在方法和规律上进行引导。

在必修1第5章《细胞的能量供应和利用》的教学中，我们是这样来突破考点"酶的本质、作用、特性"的（表2）。

表2　酶的本质、作用及特性教学设计片段

教学环节	教师活动	学生活动	设计意图
回顾"酶"的概念	引导学生回顾、复述概念内容。呈现概念并引导学生把握概念中的关键词	学生回顾、复述概念。从概念中的关键词迁移出酶的来源、功能和本质	强化概念的解读，使学生掌握并理解生物学基本/核心概念，建立"概念入手"的学科学习方法
回顾主干知识	设置若干填空练习题	完成填空 1.酶催化作用的原理：_____。 2.酶的产生部位：_____；作用：_____；成分：绝大多数是_____，少数是_____。 3.酶的特性。 （1）_____：催化效率约是无机催化剂的107～1013倍。 （2）_____：每一种酶只能催化_____化学反应。 （3）作用条件较温和：在_____条件下，酶的活性最高。 另外，适当点拨学生	以填空形式落实基础、主干知识的回顾和重温，一方面可以检测学生的掌握情况，另一方面有填空任务驱动，学生不易厌烦，同时还能引导学生适当关注课本，回归教材，掌握一些习惯性的规范表述

续 表

教学环节	教师活动	学生活动	设计意图
挖掘概念内涵	1.细胞代谢为什么离不开酶? 2.关于酶促反应。 3.总结酶的化学本质	1.结合酶的三个特性理解:酶能保证细胞中的化学反应快速地进行;能保证细胞代谢有条不紊地进行;符合生物生存的基本条件。 2.结合图解,理解酶促反应中酶与底物的"锁钥关系",并掌握如何区分图中的底物、产物和酶。 3.借助表格,从化学本质、合成原料、合成场所及检测方法四个方面,对酶的本质的两种情形进行比较	1.从帮助学生理解入手,使学生在理解的基础上进行记忆,在一定程度上解决"遗忘率高"的问题。 2.培养学生识图、辨图和从图中提取信息的能力。 3.学生能学会以表格形式对相关知识进行比较、归纳,或会对比、类比,使条理更清晰,知识掌握更全面,思维更发散。可以更好地夯实基础,提高理解能力
针对训练	精选习题,以判断题、选择题、非选择题等形式考查学生掌握情况,了解学生作答情况做适当讲评	完成相应练习题: 一、判断 1.酶的基本组成单位是氨基酸。( ) 2.能催化淀粉酶水解的酶是蛋白酶。( ) 3.一种酶只能催化一种化学反应。( ) 二、选择题 【典例训练1】(2011·海南高考)关于酶的叙述,正确的是( ) A.酶提供了反应过程所必需的活化能 B.酶活性的变化与酶所处环境的改变无关 C.酶结构的改变可导致其活性部分或全部丧失 D.酶分子在催化反应完成后立即被降解成氨基酸 【答案C】	

教学环节	教师活动	学生活动	设计意图
针对训练	精选习题，以判断题、选择题、非选择题等形式考查学生掌握情况，了解学生作答情况并作适当讲评	【变式】（2012·长沙模拟）下列有关酶的正确叙述是（ ）。 ①是由具有分泌功能的细胞产生 ②酶对底物有严格的选择性 ③酶是活细胞产生的 ④酶在发挥作用后立即被分离 ⑤有的酶不是蛋白质 ⑥酶的活性与温度呈正相关 ⑦在新陈代谢和生长发育中起调控作用 ⑧酶只是起催化作用 A.①②⑤⑥　　B.①④⑤⑧ C.②③⑤⑧　　D.①③⑤⑦ 【答案C】 【典例训练2】有一种酶催化反应P+Q→R。下图中实线表示在没有酶时此反应的进程。在t_1时，将催化此反应的酶加于反应混合物中。图中表示此反应进行过程的曲线是（［P］［Q］［R］分别代表P、Q、R的浓度）。 【答案C】 A.曲线A　　　　B.曲线B C.曲线C　　　　D.曲线D	任务驱动学生活动，落实全体学生参与学习。 变换多种形式对学生进行考查，学生有新鲜感和趣味感，即时的检测使学生有挑战感。 通过习题训练，了解学生掌握情况，可以再暴露一部分知识缺漏点、盲点和易错点。 采用变式，变换情境的方式，对核心、主干知识再考查，便学生学会应变和举一反三

（三）练——反馈巩固，回归教材

从心理学的遗忘曲线可知，学生在多感官参与、及时和重复温习的情况下记忆才更牢固持久，所以，教师需确保每日有适当的针对练习量让学生动脑思、动手做，并结合阶段性的考查（如月考、周测），了解学生完成情况和反馈教学存在问题，以便及时查漏补缺。每次练习可由学生自己去发现存在的问题，相互讲评，还有不明白之处，教师再点拨并指导解题方法和规律。

除了常规的练习和测试之外，我们还专门编印了一套"一轮复习基础知识检测"组题，其内容涵盖五个模块，每份题约有50个填空，固定分值100分，限时10分钟，学生答完之后即时对答案，交叉互改并评分，以此量化考查学生对基础知识的掌握情况，再次查漏补缺并强化学生记忆和规范文字表达。

（四）结——自我总结，内化知识

部分学生在复习时经常存在"一看就会、一听就懂、一做就错"的现象，究其原因主要是学生没有理解知识，对知识的学习往往停留在"知道"层次，无心或懒于追究"所以然"。如果对知识没有理解就没法达到应用和评价的层次。这就需要让学生完成章节复习进行自我总结，从而内化知识，因此引导学生自行梳理笔记、整理错题以及自主构建章节知识框架图（图3）等都是不错的途径。

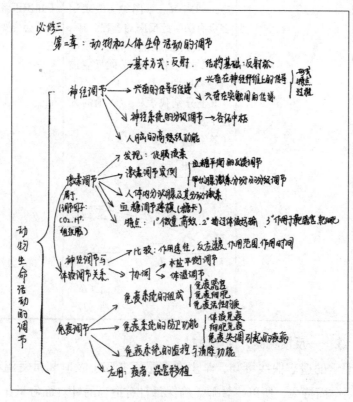

图3　学生构建章节知识框架图

二、"体验发散式"二轮专题复习模式

生物学二轮复习是在一轮复习之后进行的，复习时间往往在两个月左右，可谓时间紧、内容多、任务重，是高考前能力提升的关键时期。

在一轮复习之后，学生已经较为系统地掌握了高中生物知识，有了一定的解题经验，但同时又普遍存在知识点零乱、知识点存在遗漏和遗忘、综合运用能力欠缺、实验能力不强、解题不规范、答题速度和质量不高等问题。如何解决这些问题？在以往的教学实践中，我们发现，很多教师的复习方式主要是以练代讲，将各地模拟题不加选择地全盘照做，一味做难题、偏题，搞题海战术。这一做法只会加重学生负担，学生没有经过自主的归纳总结所学知识，能力是很难提高的。

所以，在二轮复习中要重视学生体验。要在第一轮复习的基础，通过自主构建专题知识网络，对相关知识进行总结、综合和深化，把分散在各章节的有联系的知识点进行整理。二轮复习要努力达到三个目的：一是从全面基础复习转入重点专题复习，对各重点、难点进行提炼；二是将基础知识运用到实战考题中去，将已经掌握的知识转化为实际解题能力；三是要把握高考各题型的特点和规律，掌握解题方法，初步形成应试技巧。我们总结出的"体验发散式"二轮专题复习模式让学生学会了学习，提高了能力。

所谓"体验发散式"二轮专题复习模式，主要强调学生的体验，通过设置一系列学生活动，如课前自主构建知识网络、课堂上留更多时间让学生进行高考真题训练、自主提炼主干核心考点、尝试总结方法规律等，使学生在这些学习活动中充分体验，感受自己知识缺漏和能力不足之所在，感悟相关考查类型的解题规律，培养学生知识归纳和发散思维的能力，达到举一反三的效果。而在教学过程中，教师主要作用是发现学生的问题，进行必要的讲解、点拨或补充。

在"体验发散式"二轮专题复习模式中，我们往往通过"联—诊—提—结"四个环节来实施复习。操作程序如图4所示。

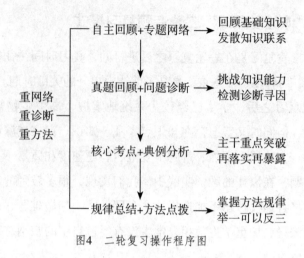

图4　二轮复习操作程序图

1. 联

前期通过一轮复习，学生们已经具备了中学生物学知识的各个"点"（知识点），在第二轮复习时关键是要将这些分散的"点"连成"线"（知识线索）并进一步形成"网"（知识网络）。此环节中，学生在课前对已经学习过的基础知识进行回顾，主要以思维导图法自主构建知识网络，也就是抓住一个关键词，然后围绕这个关键词进行多方位、多角度的联系，使之形成由点到面的知识结构。

例如，在细胞专题中，让学生围绕细胞专题进行知识网络构建（图5），此时应充分相信学生，让他们将能联系上的知识都构建在专题知识网络中，这样的训练，学生方可将必修和选修的相关知识融会贯通，从而提升学生对知识的迁移、归纳、整合和拓展能力，使学生解题时在一个新的考查情境中能较为迅速地找准考查方向和调用相关知识，做到"有的放矢"。

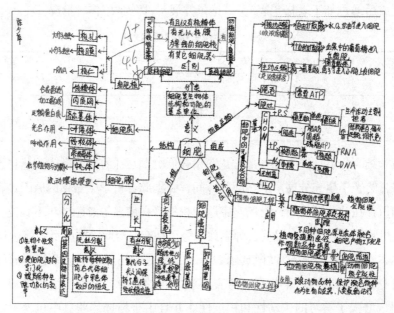

图5　学生构建的细胞专题知识网络图

需要注意的是，我们在教学实践中发现，学生自主构建知识网络复习效果很好。我们曾经为了省时间让学生看参考书上现成的知识网络图，但学生总是记忆不牢、记忆不准、理解不全或不到位。意识到问题后我们做出改进：在知识网络图中进行留白填空。这种方式虽然加强了学生思考的成分，但效果仍然不佳，甚至有部分学生的注意力集中到揣摩挖空者的意图上面去了。只有学生亲自动手对一些核心知识进行网络构建，才能在短期内大幅度提高能力。

2. 诊

教师课前结合本专题的核心主干考点，精选近几年的若干省内外高考真题，在课堂上要求学生限时完成，并即时反馈。因为是高考真题，学生会抱着一种跃跃欲试的心态对自己和别的同学发起挑战，学生参与的积极性较高。在完成后，学生们通过举手、随机抽问等方式即时反馈学生答题情况，暴露学生存在问题，进而有针对性地解决。

例如，在《植物的激素调节》专题复习中，我们是这样通过真题训练来实现知识反馈和问题暴露的：

教师发放学案（题目精心挑选，学案提前编印好），学生限时5分钟完成"真题回顾"中筛选的与所学内容相关的5道高考题；教师在黑板画出表格，在学生完成后通过如下表格（表3），记录并展示部分学生作答情况。

表3　学生作答情况反馈表

作答人	第1题	第2题	第3题	第4题	第5题
……					

教师结合作答情况，选择部分正答率较低的题目让答错的学生表达自己的解题思路，给予学生充分展示的空间和时间，并据此分析学生做错的原因：有的是因为知识存在缺漏或混淆，有的是审题中挖掘潜在信息等解题技巧不到位，有的是解题思路混乱，等等，最后，师生共同修正补充。至此诊断的目的就达到了。

在本环节中，学生通过做真题、释题、纠题、拓展题等一系列体验活动，感知自身知识和能力水平与高考考查要求之间的差距，点燃了学生求知、求胜的欲望，增强了学习的主动性和积极性。并且由于精选的题目中包含了本专题的核心主干考点，通过学生作答情况的反馈及学生解题思路的展示，可以暴露出学生在哪一个核心考点上普遍存在的问题、存在什么问题，这样就可以较好地处理重点与非重点的关系，避免"面面俱到则面面不到"，使二轮复习有限的时间和精力能用在"刀刃"上。

3. 提

在真题训练基础上，教师要引导学生提炼本专题中的核心主干考点。虽说我们很容易在教辅资料中找到核心主干考点的相关归纳，但是直接在教辅中获知或者由教师直接告知，学生不易记忆和理解，如果由学生自己来提炼就深刻很多。

《植物的激素调节》专题复习中，在高考真题训练的基础上，教师引导学生尝试找出各题主要的知识考查点，并填写如下知识考查点梳理表（表4）。

表4　知识考查点梳理表

题号	主要知识考查点
第1题	植物激素的应用
第2题	生长素与细胞分裂素的相互作用
第3题	生长素的产生及运输
第4题	生长素的运输、分布及作用
第5题	生长素与乙烯的相互作用

在表格填写的基础上，教师再引导学生自己提炼出本专题核心主干考点：

核心考点1——生长素的产生、运输、分布及作用（第3、4题）。

核心考点2——植物激素的应用及相互作用（第1、2、5题）。

核心主干考点的提炼可以帮助学生理清知识脉络，分清知识树的主干和侧枝，更好地处理重点与非重点的关系。此时，学生可将教师引导得出的专题核心主干考点与此前自主构建的专题知识网络进行对比，看看自己在课前是否很好地把握了本专题的考查重点，久而久之，则有利于学生形成良好的学习和思维习惯。

之后通过精选典型例题对两个核心考点再展开学习，有助于查漏补缺和提升能力。

4. 结

在真题和典例的即时训练、点评及讲解之后，教师引导学生尝试自主总结解题的相关方法规律，并给予适当地点拨和归纳总结。

《植物的激素调节》专题复习侧重强调图表解读及实验分析能力，在题目的点评和讲解过程中已经渗透了一部分解题方法技巧，经过前面的充分铺垫，在课堂最后一个环节中就可以水到渠成地对相关的解题方法、规律、技巧进行集中的总结归纳。

在师生的共同合作下，完成了如下的方法规律总结：

（1）牢牢把握生长素的两重性：高抑、低促。

（2）从图表中提取有效信息——对坐标图和表格的解读。

横纵坐标的含义——自变量、因变量。

曲线/直方柱/表格数据的变化趋势——自变量对因变量的影响。

找出多条曲线之间差异产生的原因——实验对照说明的问题。

关键点/数——重要突破口。

教师在完成方法规律的总结归纳后，再让学生通过一道综合性较强的非选择题，整体感受此前总结的方法规律的掌握和运用情况，达到提升能力的目的。

本环节对提高学生的能力起着重要的作用。提高能力靠题海战术是行不通的，靠老师强硬灌输也是不行的，必须让学生掌握相关的方法、规律和技巧，才能实现知识和方法的迁移，达到举一反三的目的，提高综合运用能力。

评课论课

评课论课是教学研究的重要手段，也是教师相互交流、相互学习和促进教师自我反思的重要途径。一位优秀教师的成长一般要经历无数次公开课的磨砺，在备课、试教、上课、评课、反思、改进的循环往复中进步，当他能对自己及他人的课程进行正确评价、提出合理改进建议时，那么，他就进入了教学转折性成长提升期。所以，学会评课论课非常重要。

下面是我开发的两个《广东省高中生物教师网络培训评课论课课程》案例。案例1是对必修3第四章第二节《种群数量的变化》新授课进行评课和论课，案例2是对《基因工程》两节一轮复习课进行评课和论课。两个案例分别提供了教学设计、学习学案及评课记录三部分内容，并就如何进行数学模型教学及如何高效开展一轮复习予以阐述。通过阅读，教师们将会对如何评课及论课有更进一步的了解。

广东省高中生物教师职务培训网络培训系列课程（一）
数学模型构建：《种群数量的变化》同课异构教学实录与评析

【课程内容】

《普通高中生物课程标准（2017年版）》着眼于现代科学教育，将模型纳入基础知识范畴，将模型方法规定为高中学生必须掌握的科学方法之一。学会构建合理的模型并运用相关的模型方法进行科学探究，是现代高中学生必备的科学素养。

同课异构教学是一种有效的教学研究方式，由两位（或三位）来自不同学校的教师按照各自的教学理念和教学方法来完成相同的教学任务，课后进行讨论分析，使教师们通过分析、对比、交流，学习到好的、合适的教学方法和教学理念。本课程提供的两个课例是我和广州的骨干教师的同课异构新授课，分别采用边教边学和先学后教的教学方法进行的《种群数量的变化》数学模型构建教学，注重学生体验数学模型构建方法的学习，侧重培养学生探究和解决问题的能力。

【课程特色】

本课程提供的两节课例均突出"学生为主体，教师为引导"的教学理念，分别以"问题探究式"的边学边教和"任务驱动式"的先学后教两种不同教学方法来帮助学生完成种群增长的数学模型构建。教学中教师精心设问，巧妙引导；学生思维活跃，探究生成。通过专家点评同课异构录像课，教师们在对比中学习借鉴适合自己学校的教学方法，打造合适的"自主高效生物课堂"。

【学习要求】

请带着"一节好课的标准是什么？""如何指导学生学会构建合理的模型？""如何在高中生物课堂中渗透数学模型教学？"等问题，认真观看教学案例和评课论课录像，认真阅读参考资料。教师在观看和阅读的过程中要思考并做到以下几点：

（1）在熟悉相关教材的基础上，认真看完两位教师的上课录像，对比思考这两节同课异构课的共同点和不同点以及各自的优缺点，提出改进意见和建议；

（2）对授课教师的教学风格进行总结，并与自己做对照。你认为他们有哪些地方是值得你学习和借鉴的？

（3）参考点评专家的建议，对本节课重新设计教学方案。思考如何将模型构建的方法用于生物教学中？

（4）完成思考与活动的相关内容。

【思考与活动】

思考：

（1）请思考一节好课的标准是什么？在教学中如何构建合理的模型指导

学习?

（2）看完两位老师的上课录像，对比思考这两节同课异构课的共同点和不同点以及"先学后教"及"边教边学"构建数学模型教学的优缺点，参考点评专家的建议，提出教学改进建议。

（3）认真观看教学案例和评课论课录像、认真阅读参考资料中的文章，提出"如何将模型构建的方法用于高中生物教学中"的几点建议。

活动：

上交一份有关数学模型构建的1500字左右的教学设计，并写出教学反思附后。

教学案例1：

教学案例1.1《种群数量的变化》教学设计

授课班级：高二（18）班　　授课学校：广东第二师范学院番禺附属中学

一、教学目标

（1）通过探究细菌种群数量的变化，尝试建构种群增长的数学模型。

（2）说明建构种群增长模型的方法。

（3）学会用数学模型解释种群数量的变化。

（4）列举种群增长的知识在农业生产中的应用。

（5）关注人类活动对野生种群的数量变化的影响。

二、重点难点

重、难点：尝试建构种群增长的数学模型，并据此解释种群数量变化

三、指导思想

教法上：以学生为主体，教师为主导倡导学生自主学习，小组合作学习。

内容上：从生物到数学，再从数学回到生物。

教学模式上：将我校的"先学后教，小组合作"与番禺区的"研学后教"有效整合。

四、教学手段

研学案导学、多媒体课件辅助、小组竞争激励机制。

五、教学过程

整个教学活动分为三个环节。具体流程如下（表1）：

表1　教学活动具体流程

环节	教师活动	学生	备注
课前研学	让学生阅读课本，完成研学案中课前四项任务。 课前检查学生完成情况，选取典型性错范例截图用于课堂展示。 收集学生课前研学中产生的问题，并批示答疑，同时调整上课内容，让教与学更好融为一体	完成课前任务 任务一：构建种群增长模型的方法——数学模型。 任务二：建构种群增长的"J"形曲线。 任务三：建构种群增长的"S"形曲线。 任务四：探究种群数量的变化因素	体现先学后导的课堂教学模式特点
课中研学	1.展示学生课前任务中细菌增长的坐标曲线典型性错误范例截图。 2.借助细菌增长实例引出数学模型概念，并引导学生归纳出建构数学模型的方法。 3.展示学生课前构建"J"形增长曲线图典型性错误范例截图。练习1、2进行巩固。 4.展示学生课前构建"S"形增长曲线图典型性错误范例截图。 5.探究一：分段分析"S"形曲线的生物学含义。 6.探究二：K与$K/2$值相关知识在实践中有何应用？ 7.探究三：将"J"形曲线与"S"形曲线画在同一坐标中，想想它们所夹部分有什么生物学含义？ 8.小结：表格比较"J"形与"S"形曲线。 9.布置限时训练3-7题（5分钟）	点评范例中的错误并修正。 小组合作讨论3分钟，完成探究一，并派代表回答"S"形曲线各段的种群增长速率变化特点。并展示现场建构的"时间与种群增长速率的数学模型"。其他学生作点评。 小组合作讨论，完成探究二，并派代表回答。 小组合作讨论，完成探究三，并派代表陈述。 小组交流后将统一答案在板书上展示	1.教学中借助学生已有数学基础知识填表及绘画坐标曲线图，增强学生的感性认识，引出数学模型的概念，再归纳建构数学模型的方法，然后巩固应用。 2.课堂中让学生处于评价者的角度，对同伴进行评价，教师及时引导学生修正错误，突出教师的主导地位。 3.加强小组合作学习。 4.采用课堂加分激励机制调动学生学习积极性。 根据小组答题情况进行点评
课后研学	安排课后任务	1.知识网络构建。 2.要点归纳	

教学案例1.1《种群数量的变化》导学案

一、学习要求

（1）课前，通读课本，独立完成研学案"课前研学"部分，并将在课本上找到的答案用红笔标注，初步掌握核心知识。

（2）课中，要求组内成员积极合作，主动探讨，高效展示、点评。

（3）课后，自主归纳，形成知识网络。

二、研学目标

（1）通过探究细菌种群数量的变化，尝试建构种群增长的数学模型。

（2）说明构建种群增长模型的方法。

（3）学会用数学模型解释种群数量的变化。

三、研学重点

重点：尝试建构种群增长的数学模型，并据此解释种群数量变化。

四、研学路线图（图1）

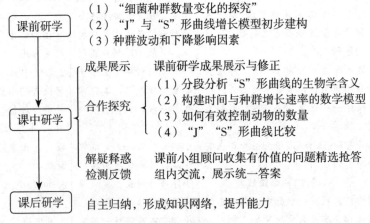

图1　教学研学路线图

五、研学过程

（一）课前研学

任务一：建构种群增长模型的方法——数学模型

在营养和生存空间没有限制的情况下（理想条件），某个细菌每20分钟就通过分裂繁殖一次。

（1）请将该细菌产生的后代在不同时期的数量填入下面表格（表2）。

表2　细菌分裂数量变化表

时间/min	20	40	60	80	100	120	140	160
分裂次数	1							
细菌数量/个	2							
数量关系式								

（2）用数学方程式表示：n代以后细菌的数量N＝＿＿＿＿＿＿＿＿＿＿＿。

（3）请依据上表在坐标图中画出细菌的种群增长曲线（图2）。

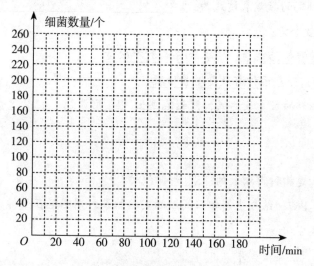

图2　细菌的种群增长曲线

① 数学模型：用来描述一个系统或它的＿＿＿＿＿＿的＿＿＿＿＿＿形式。

② 研究方法或步骤：（见课本65页）

观察研究对象提出问题→提出＿＿＿＿＿＿→根据实验数据，用＿＿＿＿＿＿对事物的性质进行表达→通过进一步实验或观察等，对模型进行＿＿＿＿＿＿。

③ 数学模型的表达形式：

a. 数学方程式的优点：＿＿＿＿＿＿。

b. 曲线图的优点：能更＿＿＿＿＿＿反映出种群数量的增长趋势。

任务二：建构种群增长的"J"形曲线

1.含义

在＿＿＿＿＿＿条件下的种群，以＿＿＿＿＿＿为横坐标，以＿＿＿＿＿＿为纵坐标画出的曲线图，曲线大致呈＿＿＿＿＿＿形。

2. "J" 形增长数学模型

（1）模型假设：

① 条件：在_____和_____下，条件充裕、气候适宜，没有敌害；

② 数量变化：种群的数量每年以_____增长，第二年的数量是第一年的_____倍。

（2）建立模型：

t年以后种群的数量表达式为：_____

（3）参数含义：

N_λ表示种群起始数量；N_t表示<u>t年后种群数量</u>

t表示<u>时间</u>；λ表示<u>种群数量增长倍数</u>

3. 根据种群的数量表达式，用铅笔画出 "J" 形曲线

任务三：建构种群增长的 "S" 形曲线

阅读课本P67，结合生态学家高斯的实验结果，用铅笔在坐标中画出种群数量增长的曲线。

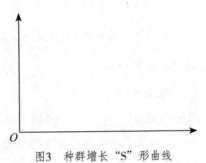

图3　种群增长 "S" 形曲线

（1）"S" 形曲线：种群经过一定时间的增长后，数量_____的曲线。

（2）产生原因：自然界的资源和空间总是_____的，当种群密度增大时，种内斗争就会_____，以该种群为食的动物数量也会_____，这就会使种群的出生率_____，死亡率_____。当种群的死亡率与出生率相等时，种群就稳定在一定的水平。

（3）环境容纳量：在环境条件_____的情况下，一定空间中所能维

持的种群_____，又称_____值。

任务四：种群数量的波动和下降

（1）影响因素：

① 自然因素：_____、食物、_____、传染病等。

② 人为因素：人类活动的影响。

（2）数量变化：大多数种群的数量总是在_____中，在不利条件下，种群的数量还会急剧_____，甚至_____。

课前研学中存在的疑惑：_____。

（二）课中研学

（1）成果展示：小组代表上台展示课前研学成果，同学互相评价。

（2）合作探究：小组讨论，达成共识并完成书写。

探究一：分段分析"S"形曲线的生物学含义

（1）根据下图"S"形曲线请推断种群增长率（增长百分比）

变化规律：

AB段：_____；

B点：_____；

BC段：_____；

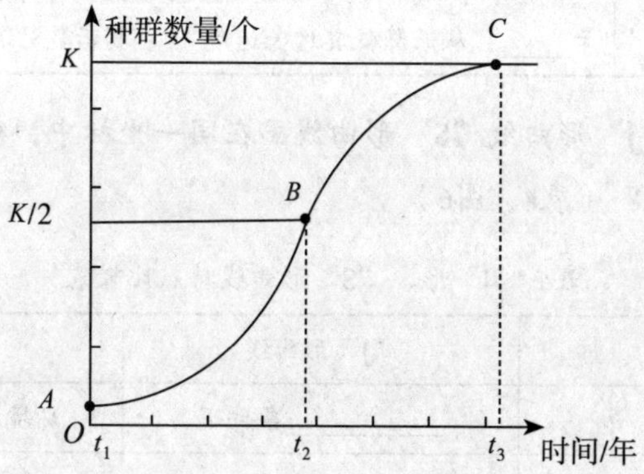

图4　种群增长"S"形曲线

C点及C点以后：_____。

（2）请在坐标图中建构时间与种群增长速率的数学模型。

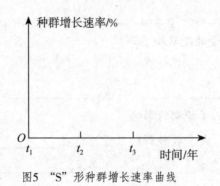

图5 "S"形种群增长速率曲线

探究二：K与K/2值相关知识在实践中有何应用？

（1）K值是个固定值吗？为什么？影响种群数量变化的因素有哪些？达到K值不再增加的原因是什么？

（2）如何控制一个水库的鲤鱼数量，使其获得持续高产？如何灭鼠，有效降低其种群的数量？（表3）

表3 有害动物与经济动物K值变化比较表

	灭鼠（有害动物）	养鲤鱼（经济动物）
K值 （环境最大容纳量）	改变环境，使之不适合鼠生存，＿＿＿K值	改善环境，使之适合鱼生存，尽量＿＿＿K值
K/2 最大增长率/%	灭鼠后，使鼠群数量必须远低于＿＿＿，从而降低其增长速度	使鲤鱼种群数量维持在＿＿＿值，捕捞后数量迅速回升

探究三：将"J"形曲线"S"形曲线画在同一坐标中，想想它们所夹部分有什么生物学含义？（表4、图6）

表4 "J"形、"S"形曲线特点比较表

	"J"形曲线	"S"形曲线
前提条件	＿＿＿条件下	环境资源＿＿＿
种群增长率/%		
有无K值		

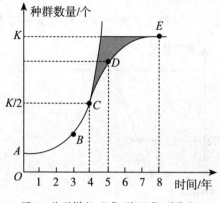

图6　种群增长"J"形"S"形曲线

1. 释疑解惑

抢答课前收集各小组的疑惑知识点。

2. 课堂巩固与检测反馈（均为单选题）

（1）如图7所示，表示种群在无环境阻力状况下增长的是（　　）

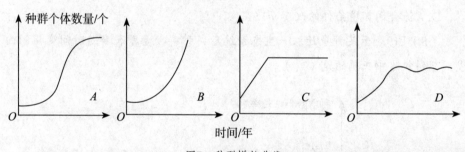

图7　种群增长曲线

（2）李刚三年前办了一个养兔场，由原来50只兔，繁殖到现在50000只，在这三年内，种群数量的变化曲线及λ值分别是（　　）

A. "J"形曲线，10　　　　　　　　B. "S"形曲线，10

C. "J"形曲线，5　　　　　　　　D. "S"形曲线，5

（3）自然界中生物种群增长常表现为"S"形增长曲线。下列有关种群增长的正确说法是（　　）

A. "S"形增长曲线表示种群数量和食物的关系

B. 种群增长率在各阶段是不相同的

C. "S"形增长曲线表示种群数量与时间无关

D. 种群增长不受种群密度制约

（4）如图8所示种群数量增长曲线，下列叙述正确的是（　　）

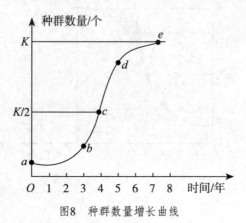

图8　种群数量增长曲线

A. 当种群数量达到e点后，种群数量不再发生变化

B. 种群增长过程中出现环境阻力是在d点之后

C. 防治蝗灾应在害虫数量达到c点时进行

D. K值会因环境条件的改变而改变

（5）图9表示某种鱼迁入一生态系统后，种群数量增长率随时间变化的曲线，下列叙述中正确的是（　　）。

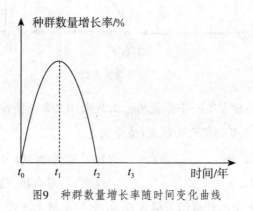

图9　种群数量增长率随时间变化曲线

A. 在$t_0 \sim t_2$时间内，种群数量呈"J"形增长

B. 若在t_2时种群的数量为N，则在t_1时种群的数量为N/2

C. 捕获该鱼的最佳时期为t_2时

D. 在$t_1 \sim t_2$时，该鱼的种群数量呈下降趋势

（6）图10表示种群在理想环境中呈"J"形增长，在有环境阻力的条件下呈"S"形增长。下列有关种群数量增长曲线的叙述中正确的是（   ）

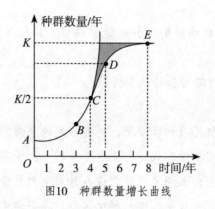

图10　种群数量增长曲线

A. 当种群数量到达E点后，增长率几乎为0

B. 种群增长过程中出现环境阻力是在B点之后

C. 图中阴影部分表示克服环境阻力生存下来的个体数量

D. 若该种群在C点时数量为100，则该种群的K值是400

（三）课后研学，网络构建（加深理解，巩固提升）（图11）

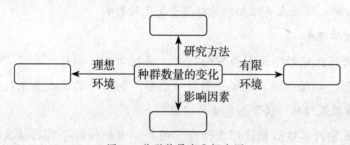

图11　种群数量变化概念图

教学案例1.2《种群数量的变化》教学设计

授课班级：高二（20）班　　授课学校：广东第二师范学院番禺附属中学

一、课程分析

《种群数量的变化》是人教版普通高中新课程标准实验教科书《生物》必修3《稳态与环境》中第4章第2节的内容。它是在了解了"种群的概念和特征"知识后，学习建构数学模型来对种群数量变化进行研究，也是在必修1和必修2中学习了物理模型和概念模型的基础上，进一步学习如何建构数学模型，并学会用数学模型对生物现象进行分析的方法。本节内容对学生逻辑思维的形成有重要意义。

二、教学重难点

教学重点：尝试建构种群增长的数学模型，用数学模型解释种群数量的变化。

教学难点：建构种群增长的数学模型。

三、学情分析

学生对种群的特征已有初步了解，也有一定的分析问题能力，但要将生物种群数量变化的现象用数学形式进行表达并分析，对于高二学生来说，有一定难度。所以，在教学中，教师可通过创设各种直观形象情境和问题情境，让学生分组讨论、合作探究，从中发现和解决问题，指导学生学会举一反三，从而培养学生的推理分析等能力。

四、教学目标

知识目标：说明建构种群增长模型的方法，并尝试建构种群的增长模型。

能力目标：学会用数学模型解释种群数量的变化，培养学生的逻辑推理能力。

情感目标：关注人类活动对种群数量变化的影响。

五、教学理念

以"诱思探究教学论"为理论指导，遵循学生认知行为表现"探索—研究—运用"，心理表现"观察—思维—迁移"的三个层次要素来设计教学过程，充分体现教师的"诱"和学生的"思"。

根据教学内容精心设计形象情境（图片、模拟细菌分裂的动画等）和问题情境，以"细菌繁殖"这一案例为主线，让学生建构数学模型，并总结建构数学模型的方法，设计问题引导学生探究，使学生通过用眼看、动脑思、动口议，在小组的合作学习中发现问题和解决问题，通过师生之间及生生之间的多项交流，及时反馈学习信息，了解学生对知识的掌握程度，达到"以诱达思"的教学目的。

六、教学方法

诱思导学、问题探究。

七、教学过程（表5）

表5　教学过程概述

环节	教师活动	学生活动	设计意图
复习导入	●PPT展示以下问题： 1.种群最基本的数量特征是什么？ 2.能直接决定种群密度的特征有哪些？ 3.影响种群密度的外因有哪些？	◆回忆上节课知识并回答	温故知新，导入新课学习
新课学习	●动画模拟一个细菌的分裂过程。（在营养和生存空间没有限制的情况下，某种细菌每20min就通过分裂繁殖一代）	◆观看细菌分裂情况，说出每20min细菌的数量变化情况	创设直观的形象情境，让学生获得感性认识
探究活动1：建构种群增长模型的方法	●设问：我们可以用什么方法对细菌繁殖N代后的数量变化进行描述呢？ ●引导学生分别用表格、数学方程式、曲线图来表达细菌繁殖N代后的数量变化情况。（在学案中）老师巡视了解学生完成情况。 ●随机选取几个有典型错误的曲线图投影展示，要求学生对曲线图进行评价和纠正。 ●引导学生总结建构数学模型的一般步骤。（展示16字简易记忆口诀）	◆根据细菌繁殖N代后的数量变化图，学生独立完成学案探究活动一。 ◆三个学生在黑板上展示结果。 ◆学生对绘制的曲线进行评价，找出错误点并修正。建构数学模型的步骤：观察对象—合理假设—数学表达—检验修正	给予学生暴露问题、展示、表述的机会，让学生成为本节课的课程资源。帮助学生加深对建构数学模型方法的理解，以简化的16个关键字让学生能深刻记忆和灵活运用
探究活动2：建构"J"形增长的数学模型。	●问题探讨：一个培养皿中培养的细菌数量会如何变化？ ●引导学生找出不同条件下细菌的数量变化情况，并以理想条件下一个细菌繁殖的数量增长情况为例建构数学模型	◆学生讨论总结并画出在营养和空间条件充裕等理想条件下及在资源空间有限的实际条件下的细菌数量变化曲线，并进行评价。 ◆推测出"J"形种群增长的数学（方程式）模型	以"细菌繁殖"这一案例为线索，把教学内容转化为值得探究的问题，引导学生根据案例进行合作探究，自主推理和生成，学会从特殊事实总结出一般规律，培养学生获取信息和分析综合思维等方面的能力

环节	教师活动	学生活动	设计意图
探究活动3：分析种群增长的"S"形曲线	●介绍课本上的高斯实验 ●根据学生绘制的种群"S"形增长曲线引导学生分段分析曲线的变化原因 ●说明"K值"的含义	◆学生阅读课本找出种群增长曲线呈"S"形的原因。 ◆合作探究分析"S"形增长曲线各段变化原因，总结"S"形增长曲线的特点。 ◆练习反馈。 ◆知识迁移（完成学案中绘出种群"S"形增长速率曲线）	指导学生读图、辨图，运用所学知识解释种群实际增长"S"形曲线的原因
探究活动4：讨论"K"值变化的实际意义	●展示讨论的问题，引导学生相互评价： 1.同一种群的K值是固定不变的吗？K值变大或变小的原因是什么？ 2.如何对濒危动物种群进行拯救和恢复？ 3.如何对有害动物进行防治？ 4.如何对野生生物资源进行保护和利用？	◆学生小组讨论，反馈讨论结果，并用所学知识给予合理解释	联系生活实际，学以致用，使学生关注人类活动对种群数量变化的影响
课堂小结	●引导学生比较种群增长的"J"形曲线和"S"形曲线异同。	◆对比说出本课的重点知识，种群增长的"J"形曲线和"S"形曲线的特点。	指导学生学会用列表比较方法归纳所学的重点知识
课后练习	●针对本节课的重点知识，设计课后练习	◆独立思考，课后完成学案中的【巩固练习】	反馈学习效果，巩固学习成果

教学案例1.2《种群数量的变化》导学案

一、学习目标

（1）明确建构种群增长模型的方法。尝试用曲线和数学式建构种群的增长模型。

（2）学会用数学模型解释种群数量的变化。

（3）关注人类活动对种群数量变化的影响，能根据所学知识提出合理建议。

二、学习过程

探究活动一：建构种群增长模型的方法

在营养和生存空间没有限制的情况下，若一个细菌分裂一次仅需要20分钟，试推算不同时间内一个细菌的繁殖情况。

1.用表格形式表示（填空）（表6）

表6　细菌分裂次数及数量关系

时间/min	20	40	60	80	100	120	140	160	180
分裂次数	1	2	3	4	5	6	7	8	9
细菌数量/个									

2.用数学方程式表示

n代后细菌的数量N为多少？＿＿＿＿＿＿＿＿＿＿＿＿＿＿＿＿＿＿＿＿。

72小时后由一个细菌分裂产生的细菌数量是多少？（用式子表达即可）＿＿＿＿＿＿＿＿＿＿＿＿＿＿＿＿＿＿＿＿＿＿＿＿＿＿＿＿。

3.用坐标曲线图表示（图12）

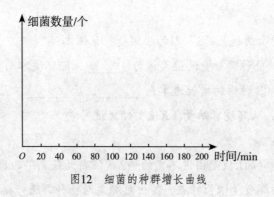

图12　细菌的种群增长曲线

探究活动二：建构"J"形增长的数学模型

模型假设：在营养和生存空间没有限制、环境适宜的理想条件下，一个细菌繁殖的数量增长情况（表7）。请计算每一代的增长倍数，并填空。

表7　细菌分裂与增长倍数关系

时间/min	20	40	60	80	100	120	140	160	180
分裂次数	1	2	3	4	5	6	7	8	9
细菌数量/个	2	4	8	16	32	64	128	256	512
增长倍数									

建立模型：该细菌种群，N_0为起始数量，该种群的数量每年以倍的数量增长，t代后该种群的数量为多少？$N_t=$＿＿＿＿＿＿＿＿＿＿＿。

探究活动三：分析种群增长的"S"形曲线

请根据图13种群增长"S"形曲线，绘出相应的种群增长速率曲线。

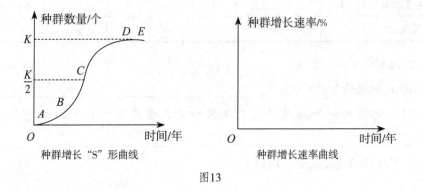

图13

（1）种群增长曲线呈"S"形的原因是：见课本P67。

（2）特点：① 种群数量的最大值为＿＿＿＿，即环境容纳量。

　　　　　② 种群的增长速率先＿＿＿＿，后＿＿＿＿，最后为＿＿＿＿。

探究活动四：从环境容纳量（K值）的角度思考

讨论并表达：

（1）同一种群的K值是固定不变的吗？K值变大或变小的原因是什么？

（2）根据种群数量增长特点，提出对濒危动物种群进行拯救和恢复，对有害动物进行防治的合理化建议？

（3）对野生生物资源，如海洋鱼类怎么进行保护和利用？

总结归纳（表8）：

表8 "J"形"S"形两种增长曲线比较表

	"J"形曲线	"S"形曲线
前提条件		
有无最大值		
增长速率/%		

三、巩固练习

1. 种群数量数学模型建立的一般步骤是（　　）

A. 观察并提出问题→提出合理假设→根据实验数据，用适当的数学形式表达事物的性质→实验或观察检验或修正数学形式

B. 观察并提出问题→根据实验数据，用适当的数学形式表达事物的性质→提出合理假设→实验或观察检验或修正数学形式

C. 观察并提出问题→提出合理假设→根据实验数据，用适当的数学形式表达事物的性质

D. 提出合理假设→根据实验数据，用适当的数学形式表达事物的性质→实验或观察检验或修正数学形式

2. 一个新的物种进入某地后，其种群数量变化，哪一项是不正确的（　　）

A. 先呈"S"形增长，后呈"J"形增长

B. 先呈"J"形增长，后呈"S"形增长

C. 种群数量达到K值以后会保持稳定

D. K值是环境条件允许的种群增长的最大值

3. 图14是生态学家用大草履虫所做的实验得出的曲线图，请根据图回答：

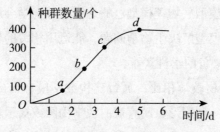

图14 大草履虫种群增长曲线

（1）大草履虫增长符合_____形曲线。

（2）大草履虫增长率最快是在_____点。

（3）种群数量增长明显受到限制是在_____段。

（4）d点是大草履虫增长的_____（又称环境容纳量），此后，种群数量不再增长的原因是由于_____有限，使种内斗争加剧，种群的死亡率增加，而出生率降低，当死亡率_____出生率时，种群就会停止增长。

4. 图15表示某物种迁入新环境后，种群的增长速率随时间的变化关系。在第10年时经调查该种群数量为200只，估算该种群此环境中的环境负荷量约为（　　）

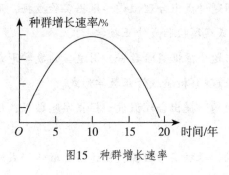

图15　种群增长速率

A. 100只　　　　　B. 200只　　　　　C. 300只　　　　　D. 400只

数学模型建构：《种群数量的变化》同课异构教学的评课论课

新课程标准注重培养学生的科学探究能力以及让学生掌握科学研究、理性思维的方法。《普通高中生物课程标准（2017年版）》将模型纳入基础知识学习范畴，将模型方法规定为高中学生必须掌握的科学方法之一。高中生物教学涉及的模型有数学模型、物理模型、概念模型等，学会用不同学科知识或解题规律来构建合理的模型解决生物学问题，能运用相关的模型方法进行科学探究，是现代高中学生必备的学科素养。

与传统的高中生物教学相比，通过建构数学模型形成系统的知识架构的模式具有独特的优点：利用形象而直观的数学构图或揭示本质的函数表示式能在很大程度上简化高中生物的教学，提高生物教学的效率，创新生物教学的方式；数学方法在生物学科的渗透与引用促进了学生相关知识的综合应用及学习方式的改进，从而提高了学生的综合科学素质和创新学习能力。

一、评课

教学案例1.1《种群数量的变化》

1. 优点与特色

总体评价：谭老师是一位教学功底扎实、教学经验丰富和具有课堂智慧的教师。采用任务驱动式的"先学后教"的教学策略，"调动学生主体性"进行自主学习、成果展示和相互评价是本节课的主要亮点。

本节课突出"先学后教"的教学理念，教学设计由课前研学、课中研学与课后研学三部分组成。课前由教师编制研学案，让学生通读课本自主学习，独立完成研学案"课前研学"部分，初步掌握核心知识；课堂教学中学生的课前研学成果展示，暴露错误典型，让学生再以评价者的身份进行点评与修正，通过让学生多维度参与课堂，学生的认知更深刻；课后要求学生自主归纳，形成知识网络，提升了学生的归纳整理能力。

课前研学中学生首先完成"细菌种群数量变化的探究"，借助数学基础知识填表及绘画坐标曲线图；课中研学则从学生课前研学成果入手，分析有限条件下种群数量变化的规律，增强学生的感性认识，借此引出数学模型的概念，并使学生初步掌握、归纳建构数学模型的方法。为加强学生对知识的理解和迁移能力，再让学生建构种群增长的"J"形、"S"形数学模型作巩固，最后借助建构的数学模型解释种群数量变化。通过多次建构数学模型，有效强化了学生数学模型建构能力。教学中均充分体现了学生主体地位。例如，课堂中将学生的课前研学成果进行展示，暴露错误典型，让学生再以评价者身份进行点评与修正；再如，课前收集学习小组在"课前研学"中产生的疑惑，并以此调整课堂教学，做到有的放矢，让教与学更好地融合为一体。在课堂教学中，教师激情引导，学生自主地参与讨论、获取知识，并重视小组合作激励评价。采用小组加分奖励，如对于课前研学小组生成"疑惑问题"上交奖励加分，课堂表现突出的小组及时加分，有效调动了学生学习的积极性，充分体现了以探究式学习方式促进学生个性发展的教学原则。

（1）教学过程充满激情。谭老师上课亲切大方、收放自如、思路开阔、循循善诱，充分体现了教师的引导作用，实现了学生的主体地位。对难点内容谭老师则以"问题探究"形式热情鼓励学生思考，一同归纳得出结论。

（2）教学设计针对性强。学生通过课前研学，自主完成学案，教师收集学生课前研学小组的疑惑问题，批示答疑，对学生的自学情况全面了解，做到了"以学定教"。课堂上教师用PPT展示学生研学成果和疑问，让学生参与评价修正，这样的设计既暴露了学生存在的问题从而引起学生重视，教师又"画龙点睛"地进行点拨解决问题，达到了培养学生的思维和表达能力的目的。

（3）教学目标明确，重点突出。对于本节课的重点"建构种群增长的数学模型及用数学模型解释种群数量的变化"，谭老师让学生课前自习完成"J"形和"S"形曲线的绘制。派学生代表现场建构"时间与种群增长速率的数学模型"，其他学生做点评，及时反馈学生对重点知识的掌握情况。通过列表对比"J"形和"S"形曲线，既指导了学生了解类比归纳的学习方法，又用两曲线组合图形象地拓展了"环境阻力"的知识。

（4）联系生活实际，学生学以致用。根据所学知识引导学生解析如何防治害虫，如何合理利用鱼类资源等生产生活中的实际问题。

（5）教学目标达成度较高，学生自主、探究学习意识强，师生、生生互动好，学生思维能力得到提升。

2. 建议与讨论

（1）教学目标"说明建构种群增长模型的方法"要求学生理解的层次符合思维逻辑，本节课如能充分应用细菌繁殖的案例对数学模型构建的方法进行说明，使学生学会从特殊事实总结出一般规律的方法，效果会更好。

（2）这节课由于是对学案中的问题进行解疑，教学线索不够清晰；每张PPT的内容太多，易造成视觉疲劳。如果把问题再精减些，则更为突出重点，也有时间练习反馈。

（3）课前研学案中填空式内容太多，若将重难点研学内容设计为相关问题引导学生思考会更好。课堂容量偏大，内容偏深，引导探究部分让学生思考的时间不够充分。

教学案例1.2《种群数量的变化》

1. 优点与特色

总体评价：谢老师的课以"教贵善诱，学贵善思"的教学思想来设计教学，采用"问题探究式"的边学边教的教学方法，以情激情、循循善诱引导学生进行探究学习，能深刻洞察、敏锐机智地应对学生出现的问题，将问题及时转化为课堂教学资源，师生互动自然和谐，学生全程投入，理性生成不同条件的"J"形和"S"形种群增长数学模型。

本节课整个教学过程围绕"细菌繁殖"这一主线进行学习。先复习种群最基本的数量特征及影响种群密度的外因有哪些？为学习新课《种群数量的变化》作铺垫，使学习的内容前后形成联系。然后让学生观察模拟一个细菌的分裂过程的动画，根据学生已知的数学知识，引导学生用表格、数学式、曲线图等方式对细菌繁殖N代后的数量变化进行描述；结合课本内容的阅读，归纳出模型构建的模型准备、假设、建立、检验四个步骤。教学生学会从特殊事例总结出一般规律的思维方法，然后让学生用此方法推断：在营养和空间条件充裕、环境适宜、没有敌害等理想条件下，一个培养皿中培养的细菌数量会如何变化？当资源空间有限的条件下，细菌数量又会如何变化？引导学生思考、绘制相关曲线并进行分析，学生在不断质疑、释疑的探究活动中完成"J"形和"S"形增长曲线的特点认同及理解。课堂中学生自主思考、合作探究、展示交流，动静交融，理性生成种群增长数学模型，并能运用种群数量变化的知识对生产中的捕捞和采收及防治害虫提出科学的建议。

本节课做到了"放手"和"牵手"的有效结合。强调问题的探究应在学生未知的情况下进行，不主张课前预习，强调课后消化和应用。这样不仅有利于保持学生的探究热情，也可真实展示学生的思维过程。在课堂上把思考的时间和空间交给学生，让学生在黑板上展示思考的结果、相互评价纠错并总结归纳，给予学生暴露问题、展示及表达的机会，教师则做"穿针引线"的引导和适时的启发。课堂上师生、生生互动良好，学生思维活跃，发言积极，在轻松愉快的氛围中有效地掌握了本节课的内容。

（1）教学过程充满激情。教师上课亲切大方、以情激情、循循善诱、敏锐机智、水到渠成，充分体现了教师的引导作用，实现了学生的主体地位。

（2）注重激发学生疑问，注重能力的培养。强调学生在没有课前预习的情况下，用心、用脑去探究种群数量增长的规律，鼓励学生大胆质疑，相互答疑，培养了学生的"问题意识"及创新思维。

（3）做到大胆"放手"，适时"牵手"。教师以"问题探究方式"引领学生学习，问题的设置针对性强，注重思维的启迪、逻辑能力的养成和语言表达能力的培养。教学过程主次分明，多环节、多途径让学生建模，学生之间互相点评，让学生动口议、动脑思、动手写。适当给予学生暴露问题、展示、表达的机会，并在黑板上边纠错边归纳。虽是借班上课，但师生沟通融洽，气氛热烈，高效课堂因此生成。

（4）重点突出，难点突破。以细菌数量的增长为主线，完成数学模型的构建、"J"形增长曲线特点、"S"形增长曲线特点等知识点的学习，主干清晰，重点突出。建构模型的方法是本节课的难点，这部分是学生在以前的学习中没有接触过的内容，通过步步引领学生深入探究，让学生体验建构数学模型的方法，巧妙地解决了问题。

（5）注重情感价值观的渗透，重视与生产、生活实际的结合。运用种群数量变化的知识，引导学生形成良好的生活习惯（不乱扔剩余食物、垃圾），有效控制有害生物（蚊、蝇、鼠等），科学保护有价值的生物（大熊猫等）。注重运用种群数量变化的知识，引导学生分析生产中的适时捕捞和采收时机。

2. 建议与讨论

（1）这节课是借班上课，谢老师对广东省第二师范附中的教学设备不太熟悉，在学生学案展示及PPT来回切换上多费了一些时间。

（2）问题设置略多，在建构种群增长模型的方法上时间花得略长，导致后面没有时间完成针对练习来反馈学习效果，使课的结构不够完整。建议将设置的问题精减，合理安排好时间。

二、课后反思

关于数学模型教学的课堂高效性问题，听完两位老师的课后我也做了反思。一节逻辑思维要求高的数学模型教学的好课标准是什么呢？

我认为一节好课的基本特征应是"自主建构、互动激发、高效生成、愉悦共享"。课堂效率的高低关键是看学生的习得过程和程度。当然，一节好课其实并不一定有什么固定的模式，但应该融入教师对学生学情的精准把握，并要精心设计教学内容和过程。两位老师分别采用了"先学后教"与"边学边教"两个看起来截然不同的教法，却又殊途同归，都注重教师引导与学生自主学习的有效结合。教师在教学过程中却注重变"结果教学"为"过程教学"，以"问题导学"和"任务驱动"的方式引导学生学习，以学生学会自主、合作学习，能思考会质疑的能力培养为目标。

就两节课存在的一些问题提出几个看法供大家一起探讨。

1. 两节课的PPT均二十多张

学生要思考问题，还要动手完成课堂上的学习任务，又要观看教师快速翻页的PPT内容，让学生有些应接不暇。建议教师设计的PPT精减为十几张较合适，要突出重点，不要贪多求全。

2. 问题的设计要有效

教师问题设计要考虑"质"与"量"，设计的问题要指向清晰、针对性强，有思考价值，能培养学生的能力。

3. 教学策略要切合学生实际

无论是"先学后教"还是"边学边教"，适合的才是最好的。教师应以不占用学生太多课外时间，以学生真正理解并融会贯通为标准，而不是照着课本依样画葫芦的"死记硬背"。

4. 如何看待课堂结构的完整性

如果从两位教师的教学设计看，两节课的课堂巩固练习均未能如期完成。这也给我们提出了一个值得思考的问题："如何认识教学预设及课堂生成的关系"。两节课中学生探讨问题思维活跃、百花齐放，相互点评时观点各异，所以花了很多时间，造成课没按预设完成。可贵的是，教师有足够的耐心给学生思考和表达的时间，让学生在发现问题时还生成了一系列的问题，这些生成的课程资源更重要。所以，教师在平时教学中要坚持"舍"，一定会收获更多的"得"。

三、论课：数学模型教学及其有效应用

《普通高中生物课程标准（实验稿）》中明确指出："了解建立模型等科学方法及其在科学研究中的作用，培养学生的建模思维和建模能力，领悟、建立数学模型等科学方法及其在科学研究中的应用，培养学生的建模思维和建模能力，获得生物学的基本事实、概念、原理、规律和模型等方面的基础知识。"可见建模思维和建模能力在标准中被提到较高的高度，被认为是将来学生从事科学研究的必备能力。

高中生物人教版教材对模型的分类进行了符合高中学生认知特点的简单划

分，即将模型分为物理模型、概念模型、数学模型三种。其中数学模型的构建对学生逻辑思维形成尤为重要，作为高中生物老师有必要熟知数学模型教学并加以应用。

1. 数学模型及数学模型教学的概念

数学模型指的是用来描述系统或它的性质和本质的一系列数学形式。具体来说，数学模型就是为了某种目的，用字母、数字及其他数学符号建立起来的等式或不等式以及图表、图像、框图等描述客观实物的特征及其内在联系的数学结构表达式。

数学模型教学指在教学过程中，教师引导学生针对创设的问题情境运用一定物质形式或思维形式构建合理的模型，对生物学概念、生命活动过程及规律进行阐述的教学活动。也就是说，模型构建教学是指在教学过程中进行模型构建，即将客观的生物学的知识点转变成为逻辑严密的数学程式或符号，再通过计算找到各知识点之间的规律、揭示现象获得本质的一种创新的教学方式。

2. 高中生物数学模型的主要类型

常见的数学模型有表达式数学模型、曲线型数学模型、表格式数学模型三种。

高中生物教材中数学模型的类型主要有：数字模型（如绿叶中的色素类胡萝卜素含量约占1/4，叶绿素含量约占3/4；体液中细胞外液约占1/3，细胞内液约占2/3等）、比例模型〔如基因表达中的比例模型DNA（基因）中的碱基数：mRNA中的碱基数：蛋白质中的氨基酸数=6：3：1〕、方程式模型（有氧呼吸的方程式）、公式模型（"J"形增长种群数量的公式$NT=N_0\lambda t$）、概率模型（用加法定律、乘法定律计算遗传概率）、集合模型、曲线模型、线段模型、表格模型、几何图模型。

在高中生物必修教材中需要运用数学方法学习的主要内容有：孟德尔的遗传规律、DNA中遗传信息的多样性、遗传密码、种群基因频率的变化、种群的增长、生态系统的能量流动。需要运用数学方法进行探究的活动有：

（1）必修1教材中细胞大小与物质运输关系的实验。

（2）必修2教材中性状分离比的模拟实验，探究脱氧核苷酸序列与遗传信息的多样性，碱基与氨基酸对应关系（思考与讨论），调查人群中的遗传病，用数学方法讨论基因频率的变化（思考与讨论），探究自然选择对种群基因频率的影响。

（3）必修3教材中用同样方法调查草地中某种双子叶植物的种群密度，探究培养液中酵母菌种群数量的变化，土壤中小动物类群丰富度的研究，生态系统的能量流动特点（资料分析），分析和处理数据（技能训练）。

3. 数学模型构建的方法与步骤

数学建模的过程：模型准备→模型假设→模型建立→模型检验→模型应用。以本节课构建种群增长模型为例：

（1）模型准备。要了解问题的实际背景，明确建模目的，收集必需的各种信息，尽量弄清对象的特征。在这一数学模型的构建中，研究对象是"细菌"，其特征是"进行二次分裂，每20min分裂一次"，建模的目的是探究细菌种群数量的变动特点，进一步解释生物学现象，揭示生命活动规律。

（2）模型假设。根据对象的特征和建模目的，对问题进行必要的、合理的简化，用精确的语言做出假设是建模至关重要的一步。如此建模中提到的假设是"在资源和空间无限多的环境中，细菌种群的增长不会受到种群密度增加的影响"，也就是在"理想"的环境中，此环境一般指的是"资源和空间充足，气候适宜，没有天敌，没有疾病等"。

（3）模型建立。根据所做的假设分析对象的因果关系，利用对象的内在规律和适当的数学工具，构造各个量间的等式关系或其他数学结构。模型构成是数学建模的关键。由细菌的二次分裂特征，1个细菌分裂一次得到2个细菌，2个细菌第二次分裂得到4个细菌，通过归纳法得出细菌增殖的特点满足指数函数的形式进行增长，因此用数学形式表达为$Nn=2n$，其中N代表细菌数量，n代表分裂次数。

（4）模型检验。把模型通过数学分析的结果与研究的实际问题做比较以检验模型的合理性称为模型检验。模型检验对建模的成功是有很重要的影响的。例如，研究种群增长规律时的其他情况：①其他的生物并不一定进行二次分裂的增殖，那么它们的种群数量的变化是否也满足上述的"J"形增长曲线呢？②生物的实际生活环境是否真的这么理想吗？由于生物生活的环境是不断变化的，因而导致增长曲线会有多种变化，应根据不同条件进行修正。

（5）模型应用。利用建模中获得的正确模型对研究的实际问题给出预报或对类似实际问题进行分析、解释和预报，以供决策者参考称为模型应用，如提出在"害虫防治、渔业捕捞"等生产实践中的应用。

4. 数学模型教学的建议

高中生物数学模型教学的主要目标是培养学生能力。为达到这一目标，教师在教学中要坚持"以学定教"的原则，重视学生和学情分析。根据学生实际能力水平，挖掘教学内容，创设教学情境，引导学生思考，选择合理的教学模式，让学生参与到数学模型的构建中，将模型教学真正落到实处。

（1）创设教学情境，教给学生方法。在高中课程中，教材安排的数学模型构建活动并不多但模型建构教学课堂，相对于普通教学模式课堂要难控制得多。因此，教师应努力创设教学情境，创造性地使用教材，灵活地运用各种与生产生活相关的素材，激发学生探究欲望。在模型构建教学中，教师要精心设计、认真组织、正确引导，重在教给学生方法。

（2）引导激发学生，发挥主体作用。学生是学习的主体，是课堂的主角。"授之以鱼，不如授之以渔。"模型方法不是通过教师传授得到的，而是学生在模型构建过程中逐渐领悟到的。在模型及模型方法的学习中，教师要精心设计探究的问题，引导学生主动思考、积极讨论、展示互评，充分发挥学生的主观能动性。教师要留有充足的时间让学生在教师的引导下积极建构、主动反思，在学到知识内容的同时，掌握运用和探究生物学知识所必需的思维方法，使探究能力得以提高。

（3）挖掘模型资源，拓展教学途径。人教版教材中蕴含着丰富的数学模型资源，而且种类多样。教师应充分挖掘和利用课程资源中的数学模型，开发具有应用价值的模型资源，以适应生物模型教学的需要。我们不仅在课程标准要求的课程中进行数学建模活动，也可在概念讲解、习题训练、实验探究等各个环节中渗透模型及模型方法。

（4）合理运用模型，提高学习效率。数学模型是一种有效的学习工具，不仅可以将零碎的知识系统化，还可以帮助学生准确解读练习题中的题干信息，迅速找到解题的突破口，提高学生解题的速度与准确率。教师在新课讲授、习题训练、知识复习中要引导学生合理运用数学模型，积极构建数学模型，从而提高学习效率和做题速度。

在高中生物教学中学会构建数学模型及用模型分析问题非常重要。教师在日常的教学活动中，要有效运用教材及习题、生产生活中的资源，开展生物数学模型教学。教师通过指导学生构建数学模型，有利于培养学生简约、严密的思想品质，培养学生用建立数学模型的方法来解决实际的生物学问题的能力。

广东省高中生物教师职务培训网络培训系列课程（二）
《基因工程》同课异构一轮复习教学实录与评析

【课程内容】

高三生物一轮复习内容多、时间紧，提高一轮复习效率是高考成败的关键。

本课程提供的两个课例是佛山、东莞两位优秀青年老师上的《基因工程》一轮复习同课异构课，他们分别采用任务驱动和问题导学的教学方法，对必修2和选修3同一类内容进行梳理、加工和系统整合。教师通过观看教学视频及评课论课，可从中借鉴适合本校学生的一轮复习方法和策略。

【课程特色】

基因工程的内容在必修2和选修3都有涉及，本课程将两部分内容有机整合，将教学内容用多种形式来呈现，既节约复习时间，又唤起学生对已学知识的兴趣，通过精选和改编试题，让学生自主完成和相互讨论，学生自主参与复习的积极性高，有利于其理解和应用能力的提高。本课程拟解决的核心问题是如何将必修、选修相关知识进行有效整合，并在教师的引导下，帮助学生将旧知识激活成为能随时调用、迁移、重组的"活"知识，从而提高学生能力，解决一轮复习常见的"满堂灌""炒冷饭"的低效教学问题。

【学习要求】

请教师带着"什么情况下学生学得最好？如何整合教材、精选习题、优化方法帮助学生解决复习困难？如何提高生物一轮复习教学的有效性？"等问题，认真观看教学案例和评课论课录像，阅读高中生物一轮复习教学的文章资料，并在观看和阅读的过程中认真思考以下几点：

（1）对比思考这两节一轮复习课有何优缺点，提出改进意见和建议。

（2）思考一堂高效的一轮复习课有什么特点，学习和借鉴的教法有哪些？

（3）参考点评专家的建议，对本节课所设计的知识内容进行重新梳理，提出新的教学设计方案。

【思考与活动】

思考：

（1）请教师思考什么情况下学生学得最好？如何根据学生特点整合教材、精选习题、优化教学方法？

（2）认真观看两位老师的教学录像，参考点评专家的建议，提出课程改进意见和建议。

（3）就如何提高生物一轮复习教学的有效性？提出可行性建议。

（4）在教学过程中积极实践，在高中生物一轮复习中做到了解学情、优化教学，以更好地提升复习课教学质量。

活动：

上交一份1500字左右的一轮复习课教学实录（文字版）或教学心得，并根据本课程要求写出教学反思附后。

教学案例2.1《基因工程》（一轮复习课）教学设计

授课班级：高三理科（1）班　　授课学校：广东省佛山市第一中学

一、教学内容分析

基因工程的内容分布在必修2和选修3两个模块，它们所涉及的知识基本上是统一的，只是要求的层次不同。为了提高复习效率，可将这两部分内容进行有机整合，合并起来一起复习。

由于基因工程的工具都是一些微观的分子，操作程序也都是无法观察的化学过程，因此学生理解起来存在一定的困难。如何使抽象的知识形象化，让深奥的内容变得浅显？这是教师在设计本节课时着重需要考虑的问题。

二、学生情况分析

高三学生通过之前的新课学习和前面章节的复习，已经掌握了DNA分子结构、基因表达、酶的作用等知识，对基因工程的原理和应用也有了系统的了解。但因相隔时间较长，学生对基因工程的工具和技术等知识普遍存在遗忘现象。基于新课学习所积累的经验，学生通过自主复习，应该能够重新掌握和理解基因工程中大部分的核心概念和基本原理，但是难以形成良好的知识网络，欠缺运用这些基础理论解决实际问题的能力。

三、教学目标

（1）说出基因工程的概念，举例说明三种工具酶的作用。

（2）通过探究工具酶在基因工程中的应用，培养学生的逻辑推理能力。

（3）探讨基因工程的原理在生产实际中的应用。

四、教学策略和方法

基因工程的知识内容理论性较强，涉及的概念较多。为了避免知识复习的表面化，防止学生出现死记硬背概念的倾向，顺应高考命题以能力立意的方向，提升学生运用知识解决实际问题的能力，本节课采用任务驱动式教学方法。教师收集了生产生活中的现实素材，设计出一个模拟情境，引导学生进行探究式学习，在解决问题中深化对知识的理解，进而通过实时练习进行效果反馈和成果巩固。

五、教学过程设计（表1）

表1　教学过程概述

环节	教师活动	学生活动	设计意图
课前自主复习	●设计好关于基因工程的知识网络图（附录1），并留空让学生填写，要求在课前完成	◆通过自主复习基因工程的知识，完成留空的知识网络图	促使学生在任务驱动下进行自主复习
复习导入	●引导学生回顾各种传统育种方法的应用。 ●提出新的育种目标——"如何利用矮牵牛合成蓝色素的酶基因（B）培育出蓝色玫瑰花？"	◆比较基因工程和杂交育种等方法的差异，总结出基因工程的概念、原理和优势	激起认知冲突，导入新课学习
知识梳理	●公布知识网络图填空的答案，对典型的错误进行解释	◆构建关于基因工程的基础知识体系，准确表述相关概念	帮助学生形成良好的知识结构
重点知识讲解	●通过名词解释、动画演示等方法帮助学生理解限制酶、DNA连接酶、基因运载体的特点和作用等核心知识	◆跟随教师的引导进一步加深对基因工程的基本工具知识的理解	帮助学生加强对核心知识的理解，以达到能深刻记忆和灵活运用的目的

续 表

环节	教师活动	学生活动	设计意图
难点知识突破	●创设模拟现实的情境：应用基因工程技术培育蓝玫瑰（附录2）。 ●引导学生结合操作流程图复习基因工程的操作步骤。 ●引导学生依次讨论以下问题： （1）如何选择合适的质粒作为基因运载体。 （2）如何选择合适的限制酶切割DNA片段和质粒。 （3）如何根据所选的限制酶切割所形成的末端类型，选择合适的DNA连接酶。 （4）为了筛选出成功导入重组质粒的大肠杆菌，应在培养液中加入哪种抗生素？	◆应用基因工程的原理，对案例中的各种问题进行独立思考，相互讨论，在解答问题中理解相关知识	把教学内容转化为有价值的、值得探究的科学问题，在教师的引导、疏导、辅导下，创造条件让学生自主、探究、合作学习。促使学生在获取知识的同时，增强获取信息和分析综合思维等方面的能力
课堂练习	●展示课堂练习并巡视	◆先独立思考，再相互讨论，当堂解答题目	反馈学习效果，巩固学习成果
课堂小结	●引导学生回顾本节课复习的重点知识，最后提出上述案例中还有待研究的问题： （1）如何用PCR技术获取目的基因？ （2）农杆菌转化法的原理是什么？ （3）如何检测基因工程是否成功？	◆明确本课的重点，了解下节课要复习的内容	承上启下，为下节课的学习做好铺垫

教学案例2.1《基因工程》（一轮复习课）导学案

一、"基因工程"课前作业

要求：复习必修2P102～103，选修3P4～15的知识内容，填好下图的空格（图1）。

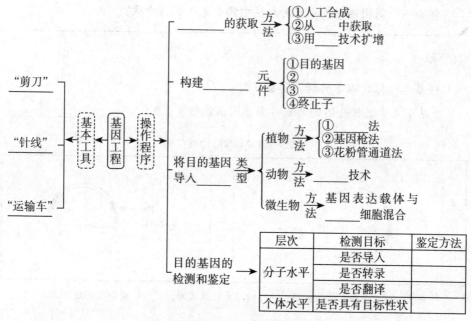

图1 基因工程知识框架图

二、课堂探究

天然的玫瑰是没有蓝色的，这是由于缺少控制蓝色素合成的B基因；而开蓝色花的矮牵牛中存在部分序列已知的B基因。现用基因工程培育蓝玫瑰，技术流程如图2所示。

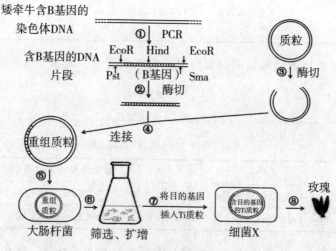

图2 基因工程技术流程图

任务一： 写出图中①~⑧对应图中哪个基因工程步骤？

①　　　②　　　③　　　④　　　⑤　　　⑥　　　⑦　　　⑧

任务二： 探讨以下问题，完善方案：

1.从下表中选择合适的质粒作为基因运载体（表2）。_____

表2　质粒M/N结构图对比

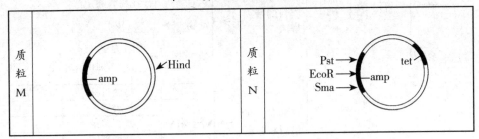

〔注〕amp：青霉素抗性基因；tet：四环素抗性基因；"→"所指是酶切位点。

2. 从下表中选择合适的限制酶切割DNA片段和质粒。

_____

表3　不同限制酶识别位点

限制酶	Hind	EcoR	Pst	Sma
识别序列切割位点	↓ AAGCTT TTCGAA ↑	↓ GAATTC CTTAAG ↑	↓ CTGCAG GACGTC ↑	↓ CCCGGG GGGCCC ↑

3. 根据你所选的限制酶切割所形成的末端类型，选择一种合适的DNA连接酶。

_____

表4　两种DNA连接酶比较表

编号	类型	能够连接的末端类型
①	E·coliDNA连接酶	黏性末端
②	T4DNA连接酶	黏性末端和平末端

3.步骤⑥中，为了筛选出成功导入重组质粒的大肠杆菌，应在培养液中加入哪种抗生素？

教学案例2.2《基因工程》（一轮复习课）教学设计

授课班级：高三理科（2）班　　　授课学校：广东省佛山市第一中学

一、教学内容分析

基因工程的内容分布在必修2和选修3这两个模块，它们所涉及的知识内容基本上是统一的，只是知识要求的层次不同。为了能够在有限的时间内完成必修和选修的复习，我们采用以必修复习为主线，穿插选修的复习，不但可以提高复习的效率，而且可以为选修的复习提供基础铺垫，所以把必修2和选修3的基因工程内容合并处理。

基因工程的主干内容有概念、两种优点、三种工具以及四个操作步骤，还有在育种方面的应用。在新课学习的时，这些知识点都已经学习过，教师要考虑在复习课中如何把这些内容内化，并应用到育种中去，这是本节课需要重点考虑的问题。

二、学生情况分析

高三学生通过之前的新课学习和前面章节的复习，已经掌握了DNA分子结构、基因表达、酶的作用、育种方法等知识，对基因工程的原理和应用也有过系统的了解。但因相隔时间较长，对基因工程的工具和技术等知识普遍存在一定遗忘，但又不能按照新课的上课方式再梳理一遍，这样学生会很厌烦，没有学习的动力和兴趣。基于新课学习所积累的经验，学生通过教师设置的问题情境，复习并选择正确的操作方法应用到蓝玫瑰的育种过程中，但由于遗忘需要设置问题链以及易错点的点拨，才需要比较系统的知识体系。

三、教学目标

知识目标：说出基因工程的原理、优点、三种工具和四个操作步骤。

能力目标：应用基因工程理论培育相应的生物品种，提升逻辑思维能力。

情感目标：认同科学研究的严谨、艰辛。

四、教学策略和方法

基因工程的知识内容理论性较强，涉及的概念较多，需要很多知识的铺垫。为了避免知识复习的表面化，防止学生出现死记硬背概念的倾向，教师要通过思考理解内化，顺应高考命题以能力立意的方向，提升学生应用知识解决实际问题的能力，采用问题导学教学方法。通过设置蓝玫瑰的培育过程，让学生产生学习动力，寻找解决办法，过程中遇到问题，再用复习的内容去解决，最后在培育过程中对基因工程的步骤进行复习，同时穿插对三种工具的复习，并在过程中增加一些思维性的问题，帮助学生理解并实际应用已学过的知识，在解决问题的过程中深化对知识的理解，进而通过练习检验学习效果。

五、教学重难点

基因工程的工具和步骤。

六、课时安排

1课时。

七、教学过程（表5）

表5 教学过程概述

环节	教师活动	学生活动	设计意图
复习导入	1.出示"蓝色妖姬"的图片，讲解培育的方法。 2.出示蓝玫瑰的图片，引导学生回忆育种的方法并说出蓝玫瑰培育的方法	根据现象回忆育种的方法，并思考用什么育种方法培育蓝玫瑰	促使学生产生学习的动机和兴趣
基因工程概念	1.导出基因工程的概念。 2.引导学生从概念中找出原理、优点、操作对象、操作水平，加深对概念的理解	从概念中理解基因工程的原理、优点、操作对象、操作水平	帮助学生理解基因工程概念的外延和内涵
书写培育蓝玫瑰的操作步骤	背景：天然的玫瑰没有蓝色花，这是由于缺少控制蓝色色素合成的B基因，而开蓝色花的矮牵牛中存在B基因，但不知道其碱基序列。 1.让学生根据基因工程的操作步骤写出培育蓝玫瑰的步骤。 2.教师指导纠错，明确基因工程	通过回忆、查阅课本、思考并书写培育蓝玫瑰的步骤，通过教师的讲解掌握蓝玫瑰培育的基本步骤，并逐渐理解就题背景做题的理念	帮助学生加强对知识的理解，以达到深刻记忆和灵活应用的目的
获取B基因	1.如何获取B基因？获取目的基因的方法有哪些？采用什么方法获取B基因？ 2.从DNA中获取B基因，犹如"大海捞针"，能不能变成"池塘捞针"或"脸盆捞针"？ 3.植物的体细胞基因都是相同的，但是由于分化会出现选择性表达，导致转录形成的mRNA有所不同，可以通过比较它们的电泳图谱，找出不同，那么应该拿植物的什么细胞的mRNA与什么细胞的mRNA进行对比？	思考问题并作答	

环节	教师活动	学生活动	设计意图
获取B基因	4.到底哪一条mRNA色谱带对应蓝色素基因的mRNA？用哪一条来进行下面的实验呢？ 5.现无法确定，需要每一条都要进行操作，由最后鉴定结果来确定哪个是B基因的mRNA。 为了节省时间，假设现在我们已经找到了这段B基因的mRNA，但我们要的是B基因，所以接下来要通过什么过程获得？ 6.需要什么酶来把mRNA完成逆转录过程。 总结：从开蓝色花的矮牵牛中提取B基因的mRNA，再逆转录得到B基因	思考问题并作答	把教学内容转化为一连串探究性问题，帮助学生把前后的联系结合起来，应用知识解决新的问题。
构建B基因表达载体	1.获得B基因之后,下一步进行的操作是什么？ 2.为什么不直接把B基因直接导入玫瑰体细胞内，而是先要构建基因表达载体？ 3.为了达到此目的，B基因在导入体细胞之前要构建基因表达载体，需要把B基因与什么结合？ 4.作为运载体必须具备哪些特点和条件呢？ 5.接下来如何将B基因与运载体结合到一起，这是关键。B基因和运载体一般都要经过同一限制酶的切割才能连接上，为什么呢？ 6.连接时需要什么工具的作用？ 7.经过限制酶的切割及DNA连接酶的作用可以构建出B基因表达载体。假设C表示蓝色素基因，D表示运载体。如果只考虑两两结合，可能有多少种重组DNA？分别是哪些？ 8.通过什么方法可以分离它们？ 9.我们所需要的基因表达载体出现在那一层？ 10.现在分离得到基因表达载体，表达载体上除了目的基因外，还含有什么元件？各有什么作用？	根据教师设置的问题，动手、动脑、动口，在此过程中回忆旧知识并巩固旧知识	在教师的引导下，以问题驱动的方式让学生思考、讨论及表达。学生在获取知识的同时，增强获取信息和分析综合思维等方面的能力

续 表

环节	教师活动	学生活动	设计意图
将B基因表达载体导入玫瑰细胞	1.获得B基因表达载体之后，接下来是要想办法把它导入到玫瑰体细胞内，应该选择什么方法？ 2.刚才选取的过程，就说明不同受体细胞选取的导入方法不同，视具体情况而定。目的基因表达载体进入受体细胞之后，可能独立存在细胞质中或整合到原有的DNA上。接下来要发挥标记基因的作用，进行细胞的筛选，获得导入成功的受体细胞	思考并讨论	
B基因的检测与鉴定	1.B基因导入受体细胞后，如果要表达其特有的遗传特性，其遗传信息的传递过程是什么？请大家写出来。 2.更正纠错，明确B基因的遗传信息传递过程，把蛋白质→性状加上去，如果任一环节不能顺利进行都将不能出现蓝色玫瑰花。 3.就我们现在的研究而言，怎样确定我们的操作已经取得了成功，最简便的方法是什么？	动手写、动脑思、互动交流。 师生总结：如果出现蓝色花，那就说明培育成功了。如果失败，那就要反过来分析哪一步出了问题：有可能是原来的目的基因不对，导入出了问题，导致不能转录，不能翻译等问题。这就需要大量检测和分析工作以确定哪个环节出了问题，再寻求解决的办法。所以培育一个新品种需要大量的人力、物力、财力，需要科学工作者大量的付出和坚持不懈的努力	
归纳蓝玫瑰的培育过程	总的来说，蓝玫瑰的培育过程包括四个步骤：获取蓝色素基因、构建蓝色素基因表达载体、将蓝色素基因表达载体导入玫瑰细胞、蓝色素基因的检测与鉴定	明确蓝玫瑰的培育方法	

续 表

环节	教师活动	学生活动	设计意图
基因工程知识网络	引导学生构建知识网络： 一原理、二优点、三工具、四步骤	明确本课的重点，了解下节课要复习的内容。	学生构建知识系统
课堂练习	2011年广东生物高考卷（27题）和《步步高》练习册例题2	独立思考，解答题目	反馈学习效果，巩固学习效果

"基因工程"同课异构一轮复习课教学的评课论课

感谢省教育厅给全省高中生物教师搭建的相互学习、共同研究的平台。以下两节课是我工作室2012年11月在广东省生物骨干教师培训跟岗学习时，两位工作室成员所上的针对一轮复习的"同课异构"研讨课。

2010年，广东高考模式由"3+X+综合"改为"3+文科综合/理科综合"，使理综生物复习内容增加而课时减少，试题的覆盖面减少而考点的随机性增大，考生人数增加而教师群体的教学能力存在差异，高考命题上则更加注重对学生各种能力的考查。但是高三的生物复习课仍普遍存在"满堂灌"或讲得过细挖得过深，或上成复述性新课，或以题代讲等现象。一轮复习课究竟怎样上才能更有效？我们认为一轮复习要达到的目标是"夯实基础、提高能力"。这两节课主要研讨在一轮复习时间有限的基础上，怎么把必修2的育种知识和选修3的基因工程知识整合起来，以提高复习课的效率。

一、评课

教学案例2.1

1. 优点与特色

总体评价：执教者黄老师是一位教学功底扎实、教学经验丰富和具有课堂智慧的老师。黄老师的课设计巧妙、机智灵动。采用任务驱动的教学方法，调动学生"主体性"进行自主复习是本节复习课的主要亮点。

具体评价：

（1）教学过程充满激情——充分体现了教师的引导作用，实现学生的主体地位。整节课学生学得很自然，教师引得很入胜。

（2）教学设计针对性强——注重基础知识和基本概念的分析，善于用形象的动画解决难点问题，习题设计切合实际。

（3）课堂充满教学智慧——黄老师亲切大方、收放自如、思路开阔、循循善诱、条理清晰、环环相扣，能通过问题探讨一步步将学生的思维引向深处。

（4）复习课的特点鲜明——引导学生构建知识，注重知识整合应用，讲练结合适量适度。

（5）这里结合教学的具体过程来做一些分析：

第一环节：课前自主复习。

复习是对已学过知识的再认，教师设计好关于基因工程的知识网络图（见教学设计），让学生通过自主复习基因工程的知识，完成留空的知识网络图，促使学生在任务驱动下进行自主复习，并暴露存在的问题。课堂上，教师对一些重难点知识进行点拨，如限制酶的概念、基因运载体的特点等。经过这样的筛选和重组，教学内容更有针对性，课堂教学也更为有效。

第二环节：复习导入。

引导学生对必修2各种育种方法进行回顾（连线方式完成育种方法及应用实例对应选择）→提出新的育种目标→"如何利用矮牵牛合成蓝色素的酶基因（B）培育出蓝色玫瑰花？"（激起认知冲突，导入新课学习）→总结出基因工程的概念、原理和优势（学生遇到困难，教师提示和引导）→提出新课题和明确学习任务。

第三环节：重点、难点知识的讲解和突破。

课前自主复习作业反馈和纠正（公布知识网络图填空的答案，对典型的错误进行解释）→构建关于基因工程的基础知识体系，准确表述相关概念→通过名词解释、动画演示等方法帮助学生理解限制酶、DNA连接酶、基因运载体的特点和作用等核心知识→创设模拟现实的情境：应用基因工程技术培育蓝玫瑰〔引导学生结合操作流程图（学案）复习基因工程的操作步骤〕→根据培育蓝玫瑰案例提出各种问题导学（学生先独立思考，相互讨论，然后自主探究、合作学习解答问题，理解相关知识）→巩固拓展（完成针对性的课堂练习）→课堂小结和提出下节课要复习的主要内容。

几点感受：

（1）牢牢把握高考命题以能力立意的方向，巧妙设计学案引领学生运用知识解决实际问题。本节课采用了任务驱动式教学方法。教师收集了生产生活中的现实素材，设计出一个模拟情境，引导学生进行探究式学习，在解决问题中深化对知识的理解，进而通过实时练习进行效果反馈和成果巩固。

（2）注重基础知识的落实和巩固，突出了对概念内涵与外延的理解，而且善于借助多媒体辅助教学。如对DNA核酸内切酶切割位点和方式的学习，学生易与DNA连接酶和聚合酶混淆，黄老师用动画的方法很形象地进行展示，使学生能够深刻理解。

（3）师生之间、学生之间的互动交流融洽自然，整节课学生动手做、动脑思、动口议，学生思维能力得到很大提升。

（4）学生的自主学习在这节课体现得很到位，分别体现在课前自主、课中自主、课后自主的学习任务中。

2. 建议与讨论

（1）在练习过程中，当每个练习师生讨论完以后，缺少对正确答案的投影展示，造成某些学生跟不上。

（2）这节课某些练习难度较大、挖得过深（如多种酶的切、拼选择），不太适合普通学校的学生。

（3）究竟基因工程授课难度应该到什么程度？要通过教师们对考纲和各年高考试题的研究做一个把握。基因工程基本的技术路线是主干知识，其他过多的细枝末节的不需要讲得太多太细，尤其是对于普通学校的学生来说更是如此。

教学案例2.2

1. 优点与特色

总体评价：谢老师的课质朴无华，求真务实。采用问题导学的方法，精心设计问题，引导学生深度思考，注重知识系统性，"优化教学内容整体性"进行复习是本节复习课的主要亮点。

具体评价：

（1）条理清晰，针对性强。以"如何用基因工程技术培育蓝玫瑰？"为线索，展开基因工程的复习，以问题导学方法层层递进地引导学生思考，问题的设置针对性强。

（2）课堂充满教学智慧。创造性整合必修与选修教材，做到知识的有机联系，加强学生思维的锻炼，在讲解过程中强调知识的系统性及逻辑关系，并通过问题导引学生，给予学生展示及表达的机会，让学生的质疑成为本节课的课程资源。

（3）复习课的特点鲜明。整合知识内容的系统性强，讲练结合适量适度，培养了学生获取信息和分析综合思维等能力。

（4）下面对具体过程进行分析。

第一部分：复习导入。

投影出示蓝玫瑰的图片，引导学生回忆育种的方法并说出蓝玫瑰培育的方法。从基因工程育种的事实推导出基因工程的概念，引导学生从概念中找出原理、优点、操作对象、操作水平，加深对概念外延和内涵的理解。

第二部分：以学生在黑板上写出的"培育蓝玫瑰的几个步骤"为线索，展开对基因工程的学习。

为了让学生顺利写出培育蓝玫瑰的步骤，谢老师首先投影"背景资料：天然的玫瑰没有蓝色花，这是由于缺少控制蓝色色素合成的B基因，而开蓝色花的矮牵牛中存在B基因，但不知道其碱基序列"。培养学生学会提取材料信息中帮助准确答题的习惯→让学生根据基因工程的操作步骤写出培育蓝玫瑰的步骤→组织学生对在黑板上写出的"培育蓝玫瑰的步骤"进行讨论、纠错（渗透规范答题的意识）→就每个步骤提出问题（如获取目的基因的方法：如何从开蓝色花的矮牵牛中提取B基因的mRNA，再逆转录得到B基因，通过比较矮牵牛花瓣细胞和根细胞的mRNA的电泳图谱，找出所需的mRNA，既考查了学生获取目的基因的方法，又对电泳知识进行了回顾）→引导学生回顾本节课复习的重点知识，并构建知识网络（简洁明了地归纳出"一原理、二优点、三工具、四步骤"）→完成针对性练习。

其中有几点印象深刻：

（1）谢老师对教材内容进行了重新组织：一是将必修2育种知识与必修3基因工程知识进行有效整合，保证课程模板的整体性；二是将基因工程与大分子的电泳知识结合，提高学生迁移应用能力。

（2）在教学中对学生"放手"与"牵手"把握较好。让每位学生动手写出培育蓝玫瑰的步骤，既给予学生暴露问题的展示、表述的机会，又适时以问题引导学生思考和归纳。

（3）将基础知识的落实巧妙地渗透在学生写出的培育蓝玫瑰的每一个步骤中。

2. 建议与讨论

（1）由于这节课是借班上课，谢老师对佛山一中的学生不太熟悉，所以在师生互动方面不够酣畅淋漓。这也启示教师平时要注意提高面对不同层次学生的课堂教学应变能力。

（2）教师的问题设置偏多，课堂教学前松后紧，前面引入的时间花的略长，导致后面没有时间完成针对练习来反馈学习效果。建议将设置的问题精减，明确问题指向，合理安排好时间。这也启示教师平时教学要突出重点，无须面面俱到。

二、课后反思

关于一轮复习高效课堂的标准，听完两位老师的课后我们也做了反思。复习课的高效性应体现在哪里？我们认为高效课堂是以最小的教学和学习投入获得最大学习效益的课堂，其基本特征是"自主建构，互动激发，高效生成"。当然，高效课堂其实并不一定有什么固定的模式，但应该融入老师对学生学情的精准把握，教学的知识内容要优化重组，教学的过程设计要有能力立意，这是复习课不变的主旋律。

两位老师都有各自的教学风格，但也给我们带来了思考。

1. 教学目标科学合理

对一轮复习的教学目标把握较好，不仅重视知识的回顾和梳理，而且还渗透能力的培养和提升。

2. 教师引导与学生自主有效结合

教师在教学过程中注重"过程教学"，关注学生参与及生成，以"问题导学"和"任务驱动"的方式引导学生学习。

3. 结合生活实际创设教学情境

知识的价值在于应用，高考往往就是通过解决生产生活中的问题来考查学生能力的。复习教学也不能局限于知识、习题的简单堆砌。两节课都是围绕着培育蓝色玫瑰花这一任务，逐一探讨了限制酶、质粒、DNA连接酶和基因工程的应用等问题，有效地提高了学生解决实际问题的能力。

4. 值得思考的几个问题

（1）复习课应更加注意多媒体使用及师生书写的时空比例，不能一味地翻动几十张幻灯片。

（2）问题的设计要有效，考虑问题应指向清晰，学生有思考价值。

（3）讲练结合的时间比较适度，习题的选择要控制好难度和数量。

三、论课：一轮复习课教学及其有效性

1. 一轮复习课的特点

生物学一轮复习的特点是复习时间长、知识覆盖面广，以夯实基础和提高能力为复习目标。生物学一轮复习约占高三总复习时间的三分之二，复习内容多、任务重，学生遗忘率高，复习目标是在巩固基础知识的前提下，拓宽知识面，加强知识之间的内在联系，使知识整体化、系统化，从而提高学生的生物素养和综合应用能力。

2. 一轮复习课要解决的问题

很多普通高中的生物一轮复习课，往往没有认真研究有效的复习模式和系统整合教学内容，机械重复地"炒冷饭"，没有对知识重新加工和整合。这样的复习容易使学生对老师讲过的内容记不住或死记硬背，造成"一听就懂，一做就错"的低效学习结果。

所以，一轮复习要帮助学生解决"遗忘率高，综合运用能力不强"的问题。通过精心设计教学内容和方式唤起学生对已学知识的兴趣，将旧知识新呈现，让学生自主参与复习，引导学生对知识再加工，帮助学生理解记忆、激活学生思维。

3. 一轮复习课的教学原则

教学中要坚持三个原则：一是要坚持"以学定教"的原则，重视学生和学情分析，根据学生实际进行教学；二是要坚持"高效教学"的原则，加强集体备课，研究考纲和试题，优化设计教学，精讲精练，使学生每节课都学有所获；三是要坚持"重导提能"的原则，要挖掘教学内容，引导学生思考，提高学生审题、阅读和信息收集、综合分析、知识运用等能力。

4. 一轮复习课的教学建议

学习的兴趣和求知的愿望是推动学生学习的永恒动力，主要策略有三：①以形式的新激活内容的旧；②加强知识的系统性（梳理形成网络）和迁移性（基于生产生活实际创设新情境、新问题和新主线；利用知识转换）；③讲练结合（精讲精练）；④详略得当。

具体包括：合理单元划分（依据原有章节、打破原有章节）、复习前进行学情分析（新授课要提前了解和做专题分析）、明确授课目标、精心设计教学内容和组织形式、科学设计测评、将实验纳入复习、与高考衔接等。

5. 一轮复习课的基本模式

经过多年对广东理综高考备考的研究，我们在实践、反思，再实践、再反思中总结出了"导—学—练—结"一轮复习模式。（供参考）

第 三 章

高中生物自主学习

自主学习是当今教育研究的一个重要主题。在课程论领域，培养学生的自主学习能力被作为一项重要的课程目标；在教学论领域，自主学习被视为一种重要的教学方法；而在学习论领域，自主学习则被看成一种有效的学习方式。教育的各分支学科之所以都把自主学习作为自己的研究主题，是因为认识到，作为一种学习能力，自主学习不仅有利于提高学生的在校学习成绩，而且是其终身学习和毕生发展的基础。

自主学习的"自主"（autonomy）在英语中是自治、自由的意思。《辞海》中的解释是自己做主，不受支配。关于自主学习的含义，国内外已有大量的研究。例如美国加里·D.鲍里奇在《有效教学方法》一书中给自主学习定义如下：它既是一种教学方法又是一种学习方法。它可以让学生主动地进入学习过程，取得行为复杂层次更高的成果。这种学习方式还可以帮助学生形成自己的理解，有助于学生对内容进行推理、解决问题并进行批判性思考。

国内如华东师范大学的庞维国博士则主张从学习的纬度和过程两个角度来定义自主学习。从纬度方面来看，如果学生的学习动机是自我驱动的，学习内容是自己选择的，学习策略是自主调节的，并且会对学习结果做出自我判断或评价的，那么他的学习就是自主的；从过程方面来看，如果学生能够自主确定学习目标、制订学习计划，学习活动中能够自我监控、自我反馈和自我调节，学习活动后能够对学习结果进行自我检查、自我总结、自我评价和自我补救，那么他的学习就是自主的。

结合教学实践，我们认为自主学习是指学生在教师的科学指导下，通过活动实现自主性发展的教育实践活动。学生在自己的整个学习环节中能够充分发挥主体作用，如在学习目标、内容、方法与评价等方面自己做出选择、调节和控制，能够掌握知识、获得能力并会灵活运用的学习方式与过程。在操作上主要包括课前自主预习、课中自主学习、课后自主复习、反思总结等环节。它不只强调学生自己主宰自己的学习活动，更重要的是通过教师培养学生的自主学习意识，调动学生学习的能动性，激发学生的个性潜能，促进学习过程中的自我实现、自我创新、自我发展，进而形成影响其一生的学习实践活动。

我国学者一般认为，自主学习是指学生自己主宰自己的学习，是与他主学习相对立的一种学习方式（余文森等）。自主学习可分为三个方面：一是对自己的学习活动进行事先计划和安排；二是对自己实际学习活动进行监察、评价、反馈；三是对自己的学习活动进行调节、修正和控制。

我们根据学习兴趣与动机、自我规划情况、自我调控情况、学习习惯方面、学习策略方面、成败归因情况、教师因素等设计问卷对学生自主学习生物的情况进行调查，共发放1210份，回收1174份，对象是高一和高二的学生。通过调查，我们发现高中学生自主学习生物存在以下问题。

1. 自主学习习惯和自我调控不理想

问卷调查反映了以下几个问题（表1）：第一，在学习兴趣方面（第1题），大约有56.6%学生对生物学科感兴趣，有34.8%的学生选"部分符合"，因此，研究如何在教学中提高学生学习生物的兴趣，提高这部分学生对生物学科的兴趣是很重要的。另外，对教师布置的课外活动积极性较高，只有24.4%（第4题）的学生能主动参与，说明教师需要想方设法去调动学生的积极性。第二，在学生自我规划和自我调控方面（第6、8、10、12和14题），大约40%的学生有较好的自我规划能力和自我调控能力，说明大多数学生还需要教师的引导和培养。第三，在课前自主学习习惯和方法方面情况也不理想（第16和21题），只有25%的学生能坚持课前自主学习并掌握预习方法。大多数学生没有主动利用网络资源进行课前自主学习的习惯（第27题）。

表1　高中生自主学习生物情况调查反馈表

问题	A	B	C	D	E
1.你对生物学科很感兴趣	A.完全不符	B.大都不符	C.部分符合	D.大都符合	E.完全符合
	3.6%	5.0%	34.8%	40.8%	15.8%

续表

问题	A	B	C	D	E
4.当老师布置课外调查、模型制作等任务时，你会积极主动参与	A.从不这样	B.很少这样	C.有时这样	D.经常这样	E.总是这样
	7.7%	26.2%	41.7%	15.9%	8.5%
6.在学习生物的过程中，你能根据自己的情况制订学习目标和计划	A.完全不符	B.大都不符	C.部分符合	D.大都符合	E.完全符合
	5.4%	12.3%	40.4%	33.3%	8.6%
8.当作业量小的时候，你能规划利用好空余时间，进行生物预习或复习	A.完全不符	B.大都不符	C.部分符合	D.大都符合	E.完全符合
	5.2%	12.8%	42.1%	27.4%	12.5%
10.你能抵抗网络小说、手机游戏等诱惑，先完成生物作业	A.完全不符	B.大都不符	C.部分符合	D.大都符合	E.完全符合
	10.2%	15.1%	34.6%	24.9%	15.2%
12.经常主动检查和总结自己的学习状态、学习过程和学习结果并能及时调整不足	A.从不这样	B.很少这样	C.有时这样	D.经常这样	E.总是这样
	2.6%	15.3%	47.1%	27.9%	7.1%
14.为了配合生物课程的要求与老师的教学方法，你会尝试着改变自己学习的方法	A.从不这样	B.很少这样	C.有时这样	D.经常这样	E.总是这样
	5.2%	17.3%	46.5%	23.3%	7.7%
16.在上生物课前一天你会为生物课做些准备，如看书、练习等	A.从不这样	B.很少这样	C.有时这样	D.经常这样	E.总是这样
	7.3%	24.6%	42.2%	19.6%	6.3%
20.对生物的学习遇到的困难，你主要采取的措施是	A.请教同学	B.主动请教老师	C.自己查阅有关资料、参考书目等	D.不想尝试解决	
	32.2%	18.7%	44.7%	4.4%	
21.在自主学习新的内容时，你会边阅读边思考，并记录不懂的地方或提出问题，以便在课堂上予以解决	A.从不这样	B.很少这样	C.有时这样	D.经常这样	E.总是这样
	8.2%	28.2%	40.6%	17.7%	5.3%

问题	A	B	C	D	E
24.在做生物实验时，你会	A.不预习，边看书边按书本上的做	B.预先搞清原理，课堂上按书上步骤完成	C.喜欢对教材上的实验进行改进	D.很少动手完成	
	17.7%	69.1%	8.9%	4.3%	
27.你会利用网络信息查询或观看教学视频来学习新内容或解决不懂的内容	A.从不这样	B.很少这样	C.有时这样	D.经常这样	E.总是这样
	22.2%	29.5%	31.2%	12.7%	4.4%
29.利用网络学习时，你往往会被网络其他信息吸引而耽误了该任务的完成	A.从不这样	B.很少这样	C.有时这样	D.经常这样	E.总是这样
	20.9%	29.3%	33.3%	12.2%	4.3%

2. 对高中生物自主学习的作用认识不到位

有的同学认为，预习后都明白了，再听课就没意思了，纯属浪费时间。其实学生课前学习不见得就能把教材全部看懂，总会有一些不懂的问题或者理解不到位的地方，这样带着问题到课堂，可以提高课堂学习的主动性，目标更明确，注意力更集中。另外，在老师讲到自己已经理解的部分时，也可以拿自己的思路和老师的思路进行比较，看老师是怎么提出问题和分析问题的，甚至还可以提出自己不同的看法，这样才能在掌握知识的同时锻炼独立思考能力和质疑批判能力。此外，学生通过课前自主学习，对课程内容已经有一定了解的基础上，就清楚哪些内容是教材上有的，哪些内容是老师补充和归纳的，这样就提高了课堂记笔记的质量和效率。

3. 对高中生物自主学习不够重视，缺乏积极性

很多高一学生对生物学科的学习习惯和学习方法还停留在初中水平，认为生物是小科，而高二高三学生因为全国卷高考中生物分值较低也不够重视，因此部分学生认为："没有必要课前预习生物，只要课堂上认真听讲，把老师讲的背会就可以了"。然而高中生物与初中生物学习内容、难度和要求都有很大的差别。就如，光合作用这一内容，初中只要求知道这一现象和作用，初步认识光合作用的反应物和产物就可以了，但高中需要深入到过程与本质中，还需与细胞结构（叶绿体、生物膜）的功能联系在一起，并能迁移应用，因此不是"会背就可以了"。

4. 对高中生物自主学习缺乏方法指导

在平日的教学中，很多教师认为课前自主学习就是预习，是学生在课前完成的，不需要教师的参与和指导，所以忽略了对学生课前自主学习方法的指导。通过对个别学生的访谈发现，大多数学生的课前学习仅仅停留在阅读课本上，不善于思考，不能主动提出问题，也不会归纳总结，抓不住重点。因为没有科学的预习方法，降低了课前自主学习的效率，久而久之，逐渐对预习失去了信心，觉得是在做无用功。

自主学习在高中生的学习中具有重要地位，高中生的学业成败在很大程度上取决于他们的自主学习水平的高低。高中生的自主学习主要表现为学习习惯、学习策略、学习自我监控、学业求助等方面。教师要在教学中对学生自主学习方法进行指引，帮助他们养成终身学习的习惯。

学习习惯

学习习惯是指学生在学习活动中形成的固定态度和行为。培养良好的学习习惯是一个长期细致的过程。任何习惯的形成都是在条件反射的基础上建立的。人们通常把习惯形成的过程分成三个层次：第一个层次就是不自觉阶段，依靠外力的督促教育，不断强化已形成的习惯；第二个层次成为自觉行为，这需要一定的意志力，靠内部的自我监督，但不需要外部监督；第三个层次就是自动化，达到类似本能的程度。

与初中、小学生相比，高中生的认知发展水平更高、自我意识更强、个性更加完善。他们的观察能力、有意识记忆能力、逻辑思维能力不断加强；随着自我意识的增强，他们更善于从旁观者的角度来审视自己，更善于反省思考自己的问题，更关注自己的个性品质。高中生的自我调控能力也在逐渐加强，他们更为强烈地要求摆脱权威的控制，按照自己的意志来行动。他们已经能够独立地开展学习活动，自己想办法解决学习困难。

首先，由于高中生面临着高考和就业的选择，他们在校学习的质量直接决定着自己的人生走向，这使得他们的学习动机更持久和强烈。调查结果表明，升大学、找到一个好的发展前途已成为高中生的首要学习动机。虽然高中的许多学习内容高度抽象、枯燥乏味，学生学起来毫无兴趣，但是许多学生为了自己的长远发展，还是约束着自己努力学习。其次，高中生的学习动机以内部动机为主。内在学习动机和外部学习动机在高中生身上并存，但是获得奖赏、赞许、赢得他人尊重等外部动机已经明显弱于求知欲、志向、抱负等内部动机对学习所产生的作用。高中生的内部学习动机是服务于其长远动机的。最后，高中生的学习动机比较稳定。他们的学习动机往往源于对学习意义的深刻认识和对自身能力的准确评价，能够长期发挥作用，不易为一些偶发性的因素所改变。

高中学生学习动机强烈，容易形成良好的学习习惯，这是促进其自主学习的前提。

一、高中生养成自主学习习惯的必要性

（一）新课程改革对人才培养的需要

1999年6月，全国教育工作会议发布了《中共中央国务院关于深化教育改革，全面推进素质教育的决定》（以下简称《决定》）。《决定》指出："要让学生感受、理解知识的产生和发展过程，培养学生的科学精神和创新思维，重视培养学生收集处理信息的能力、分析解决问题的能力、语言文字的表达能力以及团结协作和社会活动的能力。"显然，这是学习方式的一次重要转变。

2016年，《中国学生发展核心素养》总体框架正式发布，明确指出"学会学习"是学生应具备的、能够适应终身发展和社会发展需要的必备品格和关键能力。学会学习主要是指学生在学习意识形成、学习方式方法选择、学习进程评估调控等方面的综合表现。而对学生进行课前自主学习习惯的培养对学生学习意识的形成、学习方式方法的选择、学习进程的评估调控都有促进作用。

（二）解决教学中存在"累与烦"的问题

生物学科在初中阶段往往得不到学校、家长、学生的重视，学习过程十分随意，学生没有养成好的学习习惯。进入高中阶段，生物学科无论在知识还是能力上对学生的要求都提高了许多，许多学生在学习上找不到门路，学前无计划，学中不注意学习策略的选择，不善于利用教材外的其他资源来辅助学习。总的来说，学习非常被动、吃力。教师在教学上习惯于"满堂灌"，重视知识的讲授，忽视对学生的学习方法的指导及自主学习意识的培养。学生的学习基本上是听讲—识记—练习—考试的模式，学生长期处于一种被动的学习状态，导致学生对老师十分依赖，甚至到高三还不懂得如何自主复习，成绩难以提高。因此，"教师教得累，学生学得烦"的根源问题是学生缺乏主动学习的意识和习惯，从而导致学生学习能力得不到发展。

（三）网络信息时代提供了丰富资源

随着信息化的高速发展，网络在人们的生活、学习及其他各个方面占据着越来越重要的地位，网络信息量大、查阅资料便捷，为学生提供了广阔的学习空间。但网络信息繁杂并且诱惑太多，如果没有良好的学习习惯，没有明确的

目标驱动，学习效率反而会下降。

因此，培养学生自主学习的习惯，让学生学会学习、热爱学习，这才是解决问题的关键！良好的学习习惯不仅可以提高学生的学习效率，还有利于其自学能力的培养，使学生受益终身。

我们通过对学生进行问卷调查与访谈，分析高一、高二学生课前自主学习存在的问题，研究习惯形成的途径，分析课前自主习惯养成的各个环节所需的因素，制定了课前自主学习的策略以及反馈、评价和激励的策略，进行实践经验和总结提高。

二、培养高中学生自主学习习惯的策略

培养学生的自主学习习惯，可先从指导学生课前自主学习入手。

（一）明确作用和意义，引导学生重视课前自主学习

"攻城为下，攻心为上"。对于未形成自主学习习惯的高中学生，要求他们能很好地做到自主学习是比较难的，所以，教师首先要明确自主学习的重要意义。学生若认识到生物自主学习不但不会浪费时间，还可以提高学习效率并且锻炼自主学习能力，对个人能力发展有帮助，学生才可能从被动转变为主动。教师可通过集体宣讲、个别谈话及树立典范等途径反复强调课前自主学习对生物学习的重要性，潜移默化地让学生接受这个观点。

（二）转变方式和方法，提高学生课前自主学习的积极性

"兴趣是最好的老师"。多数教师和学生认为课前自主学习就是新学内容的预习，通常只是阅读教材，或做几个相应的练习。长此以往，学生体会不到课前自主学习的乐趣与满足感，从而产生厌倦与抵触情绪。苏联教育家苏霍姆林斯基曾说：教师如果不想方设法使学生产生情绪高昂、智力振奋的内心状态，学习是很难有效进行的。因此，生物课前的自主学习方式不应只限于知识预习，教师可根据教学内容设计灵活多样的课前学习活动。

1. 将知识预习变为探究活动

每一本生物教科书中那一段段看似简短的文字都蕴含着人类对生命的认识与探索，同时也与人们的生活生产密切相关。若课前自主学习仅仅用教材内容挖空的方式，那课前学习就味同嚼蜡。因此，教师创设与教学内容相关的生动、有趣或具有实际应用背景的探究活动，让学生在探索中发现，在活动中发

展，那课前自主学习才会如科学家探索生命那样引人入胜。例如，在人教版必修3《其他植物激素》这一节中，植物生长调节剂的应用与生活生产密切相关，教师可设计课前探究，让学生通过资料收集、整理与展示都动起来，关注植物生长调节剂的应用现状，增加学生社会参与度。

《其他植物激素》课前探究活动：

提示：以下探究问题是需要通过网络或访谈形式进行信息收集并分类、整理和归纳来完成的。每个小组可选择其中一项来进行，探究过程注意记录、拍照等，最后在课堂上进行展示。

（1）探究实验：分别采用米缸催熟和使用催熟剂催熟两种方法，比较两种催熟香蕉方法的效果，并把实验过程和结果做成PPT展示，分享成果与感受。

（2）通过网络查询或者访问了解在生产过程中常用的植物生长调节剂有哪些，它们主要起什么作用，并在课堂上介绍其中三种。

（3）如果你是农户或者是农产品销售员，你如何设法说明这些使用过植物生长调节剂的农产品的安全问题？

再如，在人教版选修1专题1《制作泡菜并检测亚硝酸盐含量》这一节中，可让学生进行"不同盐水比例对泡菜质量的影响""泡菜的制作时间与亚硝酸盐含量的关系""比较韩国泡菜与中国泡菜的制作方法"等探究活动课题，知识将不再是书本上抽象的文字与符号，而变成了活生生的、与学生关系密切的活动。由此可见，若课前自主学习活动的创设能满足三个条件（①学生感兴趣；②和知识有联系；③探究有具体路径），就可以使知识的出现和学习成为一个有意义、有价值的过程，进而激发不同认知、不同兴趣的学生对生物课前自主学习的积极情感、兴趣和动机。

2. 将知识预习变为模型构建

高中生物教材必修1和必修2大部分内容涉及细胞内微观领域中的重点内容，学生感觉很抽象不易理解。"眼过千遍，不如手过一遍"，教师通过制作模型让抽象内容转变成具体可见的实物，有助于学生对细胞结构的理解，也增强了学生的动手能力，如制作"动、植物真核细胞的亚显微结构模型""生物膜的流动镶嵌模型""叶绿体、线粒体结构模型"等，再如学生合作完成"DNA分子结构模型构建"，并将每一步拍照记录展示（图1~图3）。学生可通过小组合作的方式，边研究教材边动手制作模型，并在课堂展示和介绍制作心得。课前进行模型制作是一个研究探索的过程，就像学生小时候玩模型、搭积木一样充满乐趣，而课后制作模型只是一个模仿熟练的过程。因此，课前制作模型更有利于锻炼学生的思维能力和自主学习能力，也更能增强学生动手制作模型后的满足感和成就感。

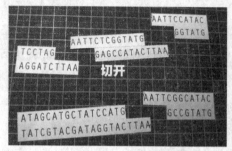

图1　限制酶切割DNA和质粒

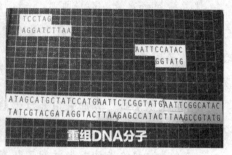

图2　DNA连接酶连接目的基因和质粒

图3　插入目的基因的质粒

3. 将知识预习变为质疑提问

在一些不适合进行课前探究活动、模型制作的教学内容中，不妨将知识预习转变为质疑提问。爱因斯坦曾说"提出一个问题比解决一个问题更重要"，这是因为探究自然的奥秘一般始于发现并提出问题。学习的核心是"动脑思"，"思"是"问"的基础，"问"是"学"的外在表现。当学生进行课前阅读时会联系已有的知识和经验，若这些知识经验与教学内容出现矛盾学生就会产生疑问，但很多时候这些疑问并没有引起学生的关注，而是一闪而过。因此，教师要求学生课前预习要提出问题并记录下来（如下两例），老师收集并将问题归类，上课时主要讲学生不明白的共性问题。这样做不但有助于学生逐渐养成边阅读边思考，边思考边记录的良好习惯，还有助于暴露学生已有知识体系中的误区和漏洞，深化学生对生物基本概念和过程的理解。

例如，在对选修1《传统发酵技术的应用》专题预习时学生提出的问题：

（1）腐乳的制作原理是怎样的？

（2）制作葡萄酒时，先冲洗葡萄还是先去梗？

（3）从哪些方面可防止发酵液被污染？

（4）制作葡萄酒时，为什么要将温度控制在18~25℃？制作果醋时为什么要控制在30~35℃？

（5）制作果醋时为什么要适时通过充气口充气？

（6）豆腐长白毛是怎么回事？

（7）王致和将长毛的豆腐撒许多盐腌起来的目的是什么？臭豆腐为何"闻着臭、吃着香"？

（8）为什么含有抗生素的牛奶不能发酵成酸奶？

（9）泡菜坛内有时会长一层白膜，这层白膜是什么？

又如，在对必修2第3章《基因的本质》这部分内容的预习时学生提出的问题：

（1）同位素标记法是谁发明的？为什么标记了就有半放射性了呢？

（2）DNA被认为是由四种脱氧核苷酸组成的，科学家是怎么发现的呢？用了什么方法？又为什么觉得这些方法是有效的？

（3）A与A，T与T配对违反了什么化学规律？为什么一定要A配T，C配C？

（4）DNA为什么要螺旋化？这有什么作用吗？

（5）染色体为什么要成双成对，单个不可以吗？

（6）DNA为什么有稳定性，是哪些物质或结构让它稳定的？（双螺旋结构有非常多的氢键）

（7）DNA为什么会变异，改变什么是变异的关键？

（8）如果一个高度分化的细胞被破坏了，它没有表达（用到）的基因功能是否会受到影响？

另外，对学生提出的问题可以通过小组合作的方式进行讨论、分析和筛选，最后在课堂上提出并解答。学生提出的问题越深刻，说明学生的思维能力及其对教学内容的理解程度也就越深。长此以往，学生提问的水平和阅读思考能力将不断提高。

4. 将知识预习变为学习铺垫

学生的学习过程是认知活动和情意活动相统一、协同发展的过程。认知因素和情意因素是组成学生学习心理的两个不同方面的因素。认知因素的功能体现在个体对知识信息的接收、加工和转化上；情意因素的功能体现在对认知意向的定向、维持和调节上。课前调动学生的学习兴趣、激发学生的学习欲望有助于提高课堂学习效率。因此课前不一定就是预习新授课内容，也可将新授课教学内容所涉及的一些背景知识及对社会生产生活的影响的一些视频、资料等作为课前自主学习内容，起到为学习铺垫、激发学生学习欲望的作用。例如，《基因工程及其应用》一节中我们组织学生课前观看有关转基因食品安全性的争论及纪录片等视频，激起学生对基因工程这项技术的好奇心。再如，学习《DNA是主要遗传物质》一节前，让学生了解人们对遗传物质的早期研究，更容易引起学生对遗传物质应该具有的特征的思考及对蛋白质与DNA之间进行比较与分析。学生在此基础上学习四大经典探索实验，则可以对这些实验的思想和设计思路理解更加透彻。通过这些课外内容的补充，学生对科学探究的过程及遇到的困难有了整体的认识，从而提高了科学素养。

（三）有效管理，促进学生自主学习习惯的形成

培养学生养成课前自主学习的习惯，除了以上措施外还必须结合有效的教学管理和监督机制，促使学生将课前自主学习从不自觉行为转变成自觉行为，进而使自主学习达到自动化状态。

1. 有效反馈与评价，促进学生课前自主学习自觉化

教学过程是一个信息传递的过程（图4），反馈是指信息从学生流向教师，也就是学生通过各种方式汇报课前学习任务的完成情况。教师依据这种反馈信息对自己的整个教学活动状态做出分析与判断及必要的修正和调整。而评价则是教师根据学生的反馈加以评点、肯定和激励。因此，反馈与评价是教学中相辅相成、不可割裂的两个环节。反馈与评价的有效性是指反馈与评价过程能提高学生的学习效率，促进学生发展，其主要特征是及时性、针对性、激励性和启发性。学生完成课前自主学习任务，付出了体力和脑力的劳动。事实证明：学生情绪越是热情高涨，就越希望自己的劳动成果得到展示和合理的评价。因此，教师需要重视反馈和评价环节，才能调动和保持学生进行课前自主学习的积极性，从而促使学生将课前自主学习转变成为自觉行为。

图4　教学信息传播模式图（摘自张莹银）

反馈与评价可根据课前自主学习内容的不同而形式多样化。例如，参与探究活动的可组织学生参与展示活动；参与模型制作的可让学生介绍模型并根据一定的标准进行评比；参与课前提问的可组织学生小组讨论并相互提问解答。教师对学生反馈的评价要客观、公正、合理，要从促进学生学习的角度恰当地解释评价数据，以增强学生学习生物学的兴趣，激发其学习动力。教师根据不同的教学情境，采用个性化、多样化、情感化的课堂评价方式，可以激发学生参与课堂教学的积极性，活跃课堂教学气氛，构建和谐、轻松、有效的课堂教学氛围。

2. 小组管理监督有利于课前自主学习习惯的形成

习惯的养成不是一蹴而就的，需要一段时间逐渐养成。实际教学中，一个教师往往教几个班的学生，仅仅靠教师一人进行督促和教育是难以长期维持的，因此需要建立良好的班级督促机制，如小组合作学习等。小组既是课前自主学习的基本单位，也是组织管理的基本单位。教师需挑选并培训得力的组长，再由组长进行管理和组织，便可化整为零。对于一些运作不良的小组，教师需及时指导，明确要求，必要时更换组长；对于个别自觉性不佳的学生，教师也要有针对性地进行个别谈话和引导。

（四）搭建平台，提供学生自主学习展示的空间

1. 采取先学后教的教学模式，促进学生自主学习

所谓先学后教的教学模式是指给学生创造一个相对自由的活动环境，让学生带着一定的任务或学习目标进行自主学习，随后，教师再有针对性地进行讲解。

学生在教师未讲授的情况下尝试展开相关的调查活动，必然需要一定的自主学习、小组内的相互学习以及相关资料的收集整理；而学习和展示过程中即使存误也无妨，错误可通过教师后期讲解纠正，但相比教师直接讲授更利于学生自主建构知识和加深对知识的理解，学生的学习兴趣和热情也更高涨。更重要的是，先学后教可以帮助学生形成自学的能力，真正授人以渔。

案例：在高中生物选修3《生态工程的基本原理》的新授课（见"一师一优课"部级优课）中，谢福星老师让学生在自主预习初步掌握生态工程五个基本原理的基础上，结合一则材料设计解决方案。

材料内容如下：

贵州省某地的一个小山村依山傍水，风景秀丽，当地生长的一种野刺梨富含维生素C，营养丰富。该地靠近省会城市，交通相对便利。村干部为带领村民快速致富，毁林烧山，大量种植野刺梨树。同时号召村民大量养猪，并将村里少有的耕地也开发成"别墅"吸引游客。结果因缺乏有效管理，游客丢弃的大量垃圾和养猪产生的大量粪便无法及时清理而导致环境迅速恶化，短短十年的时间该村就变成了一个臭气冲天、垃圾遍地、无人问津的地方。野刺梨也因为农药的大量使用，品质严重下降。

学生分小组进行资料查找和讨论分析，拟订小组解决方案并且在课堂上展示，然后由其他学生进行评价，教师加以点拨。通过这样的先学后教，教师避免了对学生直接的知识灌输，而是自然而然地引导学生进行自主构建，学生对知识有了深入、准确的理解。

2. 精心设计学生活动的展示内容，提高学生自主学习的意识

新课程的基本理念明确提出要赋予学生更多自主活动、实践活动的机会，"生本课堂"越来越得到大家的关注和认可，在学生主动参与、主动探索、主动思考、主动实践和主动创造之后，交流展示成为整个课堂的主旋律。

（1）应该避免的做法。

通过大量的教学实践，我们认识到在设计学生活动的展示内容时，应该避免的做法有：

① 将学生当成老师的替身，专注于知识内容的讲授。让学生当小老师，能充分发挥学生的主观能动性，也是提高学生素质的一种重要手段。但是如果在展示活动中将学生当成老师的替身，相当于将老师的教案改由学生来演绎。一方面，授课的思路由老师授意，甚至素材也由老师提供，学生其实并没有自己真正的思维，虽然看起来是学生在"当家"，但实际上是一种"伪自主"；另一方面，学生对知识点的钻研程度和讲解的流畅程度一般很难及得上经验丰富的教师，其他学生的听讲体验未必理想。另外，这样也会大量占用学生的课后时间，不利于学生的学习。

② 将绝大多数学生已经掌握了的知识仍然作为展示内容。学生通过课前预习已经掌握了一定的内容，但是在学生展示活动中将这些内容又陈述一遍，并没有新的挖掘与提升，这样容易让下面听讲的学生觉得无趣、无味、无聊，无法激起他们听讲的兴趣，学生的专注度和参与度自然降低。

③ 对导学案或其他学习资料上的问题答案做重复讲解。学生更需要练习中难点和疑点的解决方法及思路，也更关注自己的方法思路与他人的异同，如果只是问题答案的简单呈现和重复讲解，就如同隔靴搔痒。

（2）设定学生活动的展示内容。

在教学实践中，我们普遍认同如果这样设定学生活动的展示内容，效果就会更好：

① 展示学生学习研究的过程和体验。A教师的课堂，每个小组因为各自的研究对象不同、小组成员的组成与分工不同，每个人的研究过程与体验也就不同。"听别人的故事，想自己的人生"，每个小组的展示和分享都会引发其他同学生的关注与反思。

② 展示学生的特殊发现和创新。这些内容容易让人耳目一新，眼前一亮，信息共享的同时也能激发学生勤思考、善发现的探索精神和求知欲望。

③ 展示学生的思考与困惑。展示学生的思考与困惑可能会有共鸣，也可能会有争鸣，通过展示者与老师、同学的思维碰撞，生发出更多的思考点，拓展出更大的思维空间。

总而言之，学生课堂展示的内容要尽量做到"人无我有，人有我特"。从受众的角度分析，他们所看到的展示是他们所不了解的、需要知道的或者感兴趣的，这样的展示内容才是有价值的、有效的，甚至是有趣的。

案例：在高中生物选修1《果酒和果醋的制作》的新授课中，教师布置学生在课前分小组自制果酒和果醋，之后在课堂上展示小组的制作过程与结果，其他小组进行评价，特别是引导学生一起对实验成功或者失败的原因做细致分析，巧妙地将教学重难点融入其中。

附：

课前活动分组要求

（1）6~7人一组，全班分为8组（实验在家中进行）。

（2）活动内容：预习课本《果酒和果醋的制作》一课，4个小组自制果酒，4个小组自制果醋。

（3）活动成果：用数码相机把实验过程摄影或录像，以小组为单位制作成PPT演示文件。

课堂展示与交流

（1）由两个小组派代表上台展示自制果酒或果醋的过程及成果，引导学生一起对结果进行原因分析。若成功，分析做得好的地方；若不成功，分析可能的原因。教师注意收集并板书学生交流过程的有效生成，同时，注意适时给出明确引导及鼓励性评价。

（2）总结学生的生成，归纳出本实验的实验原理、步骤及相关注意事项。

例如，学生可能提到水果装瓶到1/3，引导学生说出酵母菌先进行有氧呼吸大量增殖，再进行无氧呼吸产生酒精；学生提及果醋制作时通入空气，引导学生说出醋酸菌有氧呼吸产生醋酸，进而总结实验原理。

（3）展示实验若不成功，学生也可能分析出存在的原因，涉及防杂菌和控制条件，进而总结出操作过程及注意事项。

在这样的拓展性展示内容中，我们发现学生的创新能力远远超过教师的想象。他们在制作装置方面有多种多样的尝试：有用暖宝宝给装置加热的，有用水龙头自制出料口的，有用气球连通出气口的，等等，学生的创新热情得到了空前激发。

学 习 策 略

一、优化学案设计引导学习

在教学过程中，教师要认识到：教学的重点不在"教"，而在"学"，要让学生愿学、乐学、会学、善学。只有学生"会学"了、"学到"了、"学会"了、"学好"了，教学的目的才算达到了。

美国学者爱德加·戴尔1946年提出了"学习金字塔"的理论。他的研究结果显示：人们采用不同的学习方式，在两周以后平均学习保持率有显著差别。

图1　学习金字塔

爱德加·戴尔提出，学习效果在30%以下的几种传统学习方式，都是个人学习或被动学习；而学习效果在50%以上的学习方式，都是团队学习、主动学习和参与式学习，如参与讨论和发言、做报告给别人听、亲身体验、动手做等学习方式，人们能够记住90%以上。

主体认识论在课堂教学中特别强调学生的主动性、能动性和独立性。学生本身就能自主地、能动地去认识外部世界及其联系。若能发挥学生的主体性，就能激发他们的学习兴趣与学习热情，减轻他们的课业负担和心理压力，提高教学效果；发挥教师的教学"主导"作用，引导、指导、辅导学生在实践中动脑，参与以探索为中心的学习，激发每个学生的内在潜能，真正取得实效，让"轻负担"和"高质量"不再矛盾。

美国人本主义心理学家马斯洛（Abraham Harold Maslow）和卡尔·罗杰斯（Carl Ransom Rogers）等人强调学生个体的尊严和价值，认为教育的目标就是要实现学生的整体发展，教学过程就是促进学生个性发展的过程，教育不是泯灭学生的本性，而是要培养学生学习的积极性与主动性。人本主义者以学生为中心，反对传统的向学生进行灌输式的无意义的学习，强调学生所学内容对学生本身的实际教育意义。罗杰斯认为，人人都有学习的潜能，并具备自我实现的动机，教师必须利用学生先天学习的内驱力进行有意义教学。学生的自主、自发、全身心投入的学习才会真正产生良好的学习效果。

从以上理论不难看出，教会学生自主学习、引导学生自主学习、促使学生自主学习、检测学生自主学习是为师者重要的教学方式。教师一定要树立两个意识：一是要有"舍得"意识，"只有舍（舍时间、舍讲台、舍话语权给学生），才有得（得时间、得课堂、得到学生发展）"；二是要有"问题"意识，只有培养起学生独立识别问题、提出问题、解决问题的能力，才能更好地促使他们更好地适应、发展和创新。

好的教学应是将学生置于一种完整的、真实的或逼真的问题情境中，使他们产生学习的需要，并通过镶嵌式的教学以及学习共同体成员之间的互动交流，亦即合作学习，促使他们生成性地学习，最终获得问题解决的技能。以问题为基础的学习和教学由这样几个环节构成：①创设情境：教师要选择或开发一些有意义的、能够激发学生学习动机的、增强学生解决同题技能的真实问题，使学习能在和现实情境基本一致或类似的情境中发生。②确定问题：在上述情境下，教师选出与当前学习主题密切相关的真实性事件或问题，作为学生学习的中心内容。③自主学习：教师不是直接告诉学生解决问题的方法，而是向学生提供解决该问题的有关线索，并特别注意发展学生的"自主学习"能力，包括确定学习内容表达的能力，获取有关信息与资料的能力，利用、评价有关信息与资料的能力等。④协作学习：学生以小组或全班的形式进行讨论、交流，通过不同观点的交锋，补充、修正，加深每个学生对当前问题的理解。⑤效果评价：要求学生对问题解决的结果策略、学习的主动性等做出自我评价。

因此，我们提出了"导—学—展—评—延"五步教学示范。

1. 导——问题导学，教师诱导

教师在编制学案时设置问题或实验导学，也可以是课堂上教师的情境引导，还可以是学生学习过程中的教师诱导。

2. 学——课前自学，课堂群学

学生根据学案先完成自主学习，小组内可合作学习解决部分问题，课堂上再通过小组间群体学习及向教师学习，使知识内化。

3. 展——小组展示，交流突破

学生展示的内容可以是学生课前预习的成果，也可以是课堂内教师提出的自主—合作探究问题，根据需要可以将该环节安排和穿插在课堂的任一个时段；展示方式可以是PPT、视频、音频等多媒体展示，也可以是口述回答问题、书面做题投影或小黑板展示等。

4. 评——相互评价，归纳总结

教师要准确引导学生对学案问题、他人观点提出自主分析与评价，鼓励内向学生的参与，激发学生间的质疑热情，即时发掘和解决问题，在课堂上要对学生的知识和能力进行反馈评价，将知识进行系统归纳。

5. 延——应用拓展，触类旁通

教师要注重知识的拓展，让学生课后应用所学知识解决实际生活或生产中的相关问题，或留下旁通点延用为下个知识的探究内容，使学生的学习循环往复、环环相扣，提高思维的广度和深度。

新五步教学范式贯穿始终的就是让学生自主学习的学案。以学案设计为抓手，以问题导学为目标是高中生物学习的重要方式。在学案导学过程中教师的作用是课前设计好合适的学案，学案设计要注重问题导学、任务驱动，培养学生问题意识和创新思维；在课堂上进行引导、点拨、释疑、点评、归纳和总结。学生学习至少有四个途径：一是课前通过学案进行个体学习（独学）；二是通过小组合作讨论学习（对学）；三是课堂上通过学生展示而相互学习（群学）；四是在教师讲课环节学生向教师学习。教师则以激活思维的"启发式""探究式"教学方式，开发和整合一切可以利用的教育资源，使课堂教学更具高效性和新颖性；同时，创建民主、和谐的教学关系和师生关系，积极培养学生的问题意识和批判意识。

（一）高中生物导学案设计体例

导学案是指教师根据学生的具体情况，包括认知水平、能力水平、学法特点和心理特征等，为调动学生学习的主动性、发展学生的学习能力、引导学生开展各项课堂学习活动的导学方案。

一份导学案大体包括以下五个部分。

1. 学习目标

根据课程标准及教材内容和学生的实际情况，设计合理的目标，体现重点、难点学习内容及学生的掌握程度。

2. 学习线索

呈现学习线索的方式可以是知识线索、问题线索、活动线索、探究线索。教师根据学习内容可以选用其中一种较为合理的方式，也可以结合两种或三种方式。

3. 学习过程

教师按照学习线索的顺序呈现学习过程，并在每个环节呈现具体的学习活动。要重点突出学习活动，有清晰的指引性语言，使学生明确自己要做什么；要选择恰当的学习策略，以帮助学生克服学习困难或障碍；要对每环节的学习活动效果进行及时的评价与反馈，以把握学生的学习掌握情况。

学习过程主要分三步：第一步是课前自主学习，通过阅读教材，完成基础部分学习；第二步是课中合作探究，此部分主要通过问题思考、小组活动完成重点、难点、疑惑点的突破；第三步是展示评价，在充分动口议、动手写、动手做的过程中，小组形成书面文字进行展示，学生小组之间相互评价，教师点拨。

4. 学习检测

为了检测和巩固所学知识，教师在学习检测部分主要选择体现重、难点的知识，呈现应有难度层次，可以选择图表等方式进行检测。

5. 课后延学

课后延学可分为两个部分：一是自主总结。它是在一堂课或一节内容结束之后，引导学生动手进行知识的整理与归纳。教师要根据具体内容，设计恰当的活动，让学生自己动手整理。对于如何整理，可适当给予方法上的指引，不要流于形式。二是拓展延伸。对一堂课或一节重点知识的拓展，教师可以设计为应用所学知识解决实际生活或生产中的问题，也可以设计为调查研究活动等。

附：

高中生物必修3《植物生长素的发现》导学案

一、学习目标

（1）能初步设计实验探究分析问题，体验生长素的发现过程。养成科学探究的习惯，学习科学研究的方法（培养科学思维和科学探究的生物学科素养）。

（2）说明植物向光生长的原因及生长素的产生、运输和分布。

二、学习线索（图2）

植物向光生长引发的问题

问题1：引起植物弯向光生长的因素是单侧光吗？（设计实验）

↓

问题2：感受单侧光刺激的是胚芽鞘的哪个部位？（设计实验）

↓

问题3：感光部位在尖端，为何是尖端下部生长？（试推测）

↓

问题4：为何尖端下部会弯曲生长？（试推测）

↓

问题5：引起生长的"刺激"是化学物质吗？（设计实验）

图2　问题线索

三、学习过程

探究活动一：单侧光是否引起植物向光弯曲生长？

请根据以下实验材料，设计实验加以说明。（小组合作绘出实验过程图，并预测实验结果）

实验材料：绿豆、玉米、光源、暗盒、一次性水杯若干。

设计实验：

自变量：＿＿＿＿＿＿　因变量：＿＿＿＿＿＿

小组展示：实验过程及预期结果（绘图说明）

结论：

探究活动二：感受单侧光刺激的是胚芽鞘的哪个部位？

请根据以下实验材料，小组合作设计实验并绘出实验过程图。

实验材料：胚芽鞘、光源、锡纸（不透光）、一次性水杯若干。

（提示）胚芽鞘：单子叶植物，特别是禾本科植物胚芽外的锥形套状物。它能保护生长中的胚芽。种子萌发时，胚芽鞘首先钻出地面，顶土出芽。

图3　胚芽鞘

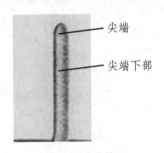

图4　胚芽鞘简图

设计实验：

自变量：_____　因变量：_____

小组展示：实验过程及预期结果（绘图说明）

结论：

探究活动三：小组讨论以下问题

1.达尔文根据实验做出的解释是结论还是推论？

2.你还能提出哪些需要探究的问题？

3.尝试总结说明植物向光生长的原因。

向光生长的外部条件：

向光生长的内部原因：

四、学习检测

为了验证植物向光性与植物生长素的关系，有人设计了如下实验方案。

（1）方法步骤——取6个小花盆，各栽入一株品种、粗细和大小都相同的玉米幼苗（要求幼苗的真叶未突破胚芽鞘）。按图5所示方法进行实验处理。接通台灯电源24 h后，打开纸盒，观察并记录6株玉米幼苗的生长情况。

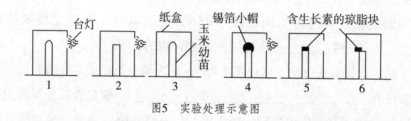

图5　实验处理示意图

（2）实验结果预测。

① 在以上装置中，玉米幼苗保持直立生长的是_____号装置，而玉米幼苗基本停止生长的是_____号装置。

② 根据_____号和_____号装置之间实验记录的对照分析，可以说明玉米幼苗产生向光性是由单侧光照射引起的。

③ 根据_____号与_____号装置之间实验记录的对照分析，可以说明玉米幼苗的向光性生长与玉米幼苗尖端的存在与否有关。

④ 根据_____号与_____号装置之间实验记录的对照分析，可以说明玉米幼苗的感光部位在尖端。

⑤ 根据5号和6号装置之间实验记录的对照分析，只能说明_____

_____。

课后延伸：

1.阅读课本P49技能训练，设计实验证明生长素的极性运输。

2.设计实验探究生长素的极性运输是否受重力影响？（用图辅助说明）

（二）基于深度学习的导学案设计

1. 任务驱动式学习的设计

（1）任务驱动方式多样化。

任务驱动式学习是指教师根据核心知识内容在学案中提出主题或布置任务让学生自己去探究。从深度学习的角度来思考，合理巧妙的学案任务是促进学生深度探索的支架。学案任务应依据不同课题需求而定，可以分为知识性任务、探究性任务、建构性任务和实践性任务四类。知识性任务重在突破基础知识，探究性任务重在提高学生探究科学思维，建构性任务通过学生动手建构加深对知识的理解，实践性任务重在提高学生解决实际问题的应用迁移能力。

以张来丽老师《酵母细胞的固定化》的教学为例，学案自主学习部分即知识性任务驱动，引导学生课前自主完成知识的学习。

①固定化技术概念（阅读课本P50，完成填空）固定化技术是利用_____方法将_____固定在一定空间内的技术。

②固定化技术的方法（阅读课本P50，完成填空）：固定化酶和固定化细胞的方法有_____、_____和_____。探究性任务驱动为课前完成实验设计"有人提出疑问，酶固定后仍有活性吗？请设计实验探究固定化α-淀粉酶是否有活性。写出实验思路并预测实验结果。可供选择的实验试剂：海藻酸钠固定的α-淀粉酶、海藻酸钠、氯化钙、可溶性淀粉溶液、蒸馏水、斐林试剂"。课堂展示实验设计，评价其他同学的课前实验设计，修改完善自己的实验设计，并进一步进行思维延伸："对于固定化酶，我还有其他疑问_____。"建构性任务驱动依据课本P50，参考固定化技术的三种方法，各小组用学具包中的材料构建模型。实践性任务驱动为学生根据实验设计进行实验演示操作。

通过四个任务驱动，逐一突破固定化技术的概念和方法，展现各自的优点。①知识性任务引导学生自主学习固定化技术这一核心概念，②探究性任务将科学实验巧妙植入，学生课前写出实验设计，进行课堂展示并评价，锻炼学生的探究实验思维和文字表达能力。开放式问题设置引导学生大胆质疑并提出方案，进一步提升学生的探究实验思维和语言表达能力。③建构性任务通过小组活动一方面培养学生的合作意识与团队精神，另一方面通过动手构建模型，增加感性认识和体验，为课堂教学作铺垫。④实践性任务驱动提高学生实际解决问题的应用迁移能力。教师通过学案设计各种类型的任务驱动，促进了学生进行深度学习，环环相扣，贯穿整个课堂的学习过程。

（2）任务展示促进深度学习。

新五步教学范式中的"展"，即要求学生在课堂上展示任务驱动下的学习成果。学生的展示深度主要由学案设计中任务设计的深度决定；任务设计影响着学生的深度学习的成效。学案合作探究部分的任务一般会要求学生在课堂上展示，但不是所有的任务都要展示，是否进行课堂展示要根据教学目标来决定。精选展示的内容作为任务驱动，教师要关注生成，要在倾听和巡视观察中，捕捉到有教学价值的内容。以《果酒和果醋的制作》一课为例，课前实践性任务驱动为预习课本《果酒和果醋的制作》，5个小组自制果酒，4个小组自制果醋。自选水果类型，注意考虑装置创新。以小组为单位用数码相机把实验过程拍照制作成PPT演示文件，或将制作过程录成视频加以文字或配音说明。课前实践性任务驱动一方面培养学生的合作意识与团队精神，另一方面通过课前自主设计和参与实验，增加感性认识，为课堂教学作铺垫。课堂实践性任务驱动为由两个小组派代表上台展示自制果酒或果醋的过程及成果（图6、图7）。

图6　果酒装置　　　　图7　果醋装置

其他小组认真聆听并对展示结果提出修正意见。教师边听边收集学生交流过程中有效生成的问题，板书留痕，同时，注意适时给出明确引导及鼓励性评价。师和生一起总结归纳本实验的实验原理、步骤及相关注意事项。课前和课上的任务驱动，促使学生进行展示与交流，使学生在展示与交流中总结归纳知识要点，突破学习目标，促进深度思维。

再如，《酵母细胞的固定化》导学案中，课前探究性任务驱动为设计实验探究固定化α-淀粉酶是否有活性。学生先有任务下的深度思考，课堂才能展示出探究性实验设计的过程（图8）。

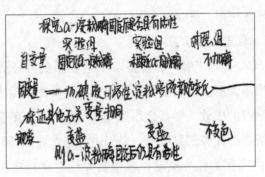

图8　学生设计的实验过程图解

　　这也为本节课提供了课程学习资源。学生交流评价该实验设计的优点有：
考虑对照原则及变量分析。不足有：自变量是固定化酶的有无，对照组应是无
酶。未固定化淀粉酶是另一个角度的对照组，而且试剂中未提供，审题有偏
差。碘液检测反应物，实验组应不变蓝，对照组变蓝。试剂中未提供碘液，审
题有偏差，应选用斐林试剂。通过学案的探究性任务驱动，促进课堂的展示与
交流，从而提升探究性实验思维。在课堂展示过程中提升学生多层面认知，学
生在探究中进行质疑，在知识迁移中形成逻辑思维和发散思维。在这一过程中
任务是抓手，展示是基础，交流是提升。

　　可见，设置的任务驱动不是简单的知识填空归纳，而是有一定难度和深度
的具体任务。任务驱动只有设计得有深度，学生才能在展示交流环节中真正做
到深度思考和学习。

　　2. 问题推动学习的设计

　　促进深度学习的教学策略还表现在问题的设置上。从深度学习的角度来思
考，有效的学案问题是促进学生深度探索的线索。在学案问题的设计过程中，
教师要依据知识的内在逻辑关系，结合学生已有的知识经验和认知水平，为其
设计若干个有思维容量、有内在逻辑关系的问题。这些问题应该能引发学生进
行完整、深刻的思维活动，使其理解核心概念形成过程中蕴含的思想方法，从
而实现对知识的整合与运用。学案问题应该包括学情了解性问题、指导理解性
问题、引导建构性问题三个方面，且三者是一个具有内在联系的整体。学情了
解性问题重在学情分析，指导理解性问题组织指导学生的课堂学习，引导建构
性问题帮助学生建构课外拓展知识。它们紧扣教材，促进学生进行深度学习，

环环相扣，贯穿整个课堂的学习过程，影响着学生的学习方式和深度学习的成效，同时能够帮助学生加深对所学知识的理解，为学生提供一个对所学知识内化和熟悉的机会，并长期保持及迁移应用，使学习更有意义、更有深度。

（1）注重问题设计的系统性，促进学生对生物学核心概念的深层次理解与建构。

以吴海涛老师《血红蛋白的提取和分离》的教学为例，学情了解性问题有：①血液的组成，②从血液中初步提取和分离出血红蛋白，需要去除哪些结构或物质，指导理解性问题有：①凝胶颗粒的结构特征有哪些，②凝胶色谱法分离蛋白质的依据是什么，引导建构性问题有：怎样利用以下流程图表示凝胶色谱法的原理。（图9）

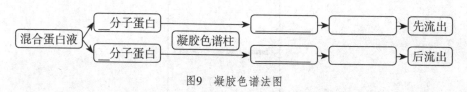

图9　凝胶色谱法图

通过系统的问题设计，层层深入，引导学生深层次理解和应用凝胶色谱法。三种不同类型的问题，形成并建构凝胶色谱法的有关知识，突破较为生僻的蛋白质分离方法。

（2）注重问题设计的应用性，促进学生对生物学核心概念内在意义的深度领悟。

目前，学案的设计多是为了巩固和完善课内所学知识与技能，与知识的实践应用联系不大，这会对知识的全面掌握，尤其是对知识意义的理解产生一些不良影响，使生物知识的学习仅限于以知识为中心，影响了学生学习能力的提高。据此，学案问题的设计应该与知识的实践应用紧密相关，使学生在课堂中学到的知识回归到实践应用本身，这不仅能体现"学以致用"的教育思想，更能让学生在知识的实践应用中深度领悟知识的内在意义。

以《血红蛋白的提取和分离》这一节课教学设计的问题为例：

实力挑战：人的血红蛋白在人体发育的不同阶段有所差异，且不止一种类型，一对新人到医院进行地中海贫血婚前检查，电泳结果如图10所示。

①根据电泳法结果，判断正常人存在几种血红蛋白？

② 据图判断男女方是否正常？说出你的判断依据。

③ 若想测定血红蛋白的分子质量，可采取什么方法？

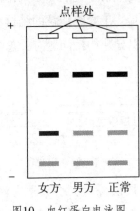

图10　血红蛋白电泳图

本课围绕以上生活中实践问题展开："医院不进行基因检测，也可以初步筛查出地中海贫血症，他们检测的是什么物质？用了什么方法？"问题的收尾落到如何应用所学知识解决该问题上。地中海贫血症病例既激发了学生学习的热情，又能够让学生主动思考血红蛋白如何分离，引导学生理解电泳的原理。通过让学生解读电泳结果图，启发学生认识到生物学和生活实践的联系，让学生深度领悟到学习和研究生物科学要站在社会的立场上去审视生物学的应用，使之意识到生物科学的发展与人类社会的发展是相互促进、相互统一的。关注社会生活中的生物现象，引导学生将所学知识与现实生活结合起来，能促进学生对知识意义的理解、应用和迁移。这样的学案问题是学生理解生活的手段，能够赋予生物学知识以生命成长、情感陶冶及社会责任的内在意义。

二、学会总结归纳进行深度学习

博金（Bergin）在1996年对210名九到十二年级学生的校外学习策略进行研究后发现，与在课外自主学习相比，学生感到在课堂听课条件下，自己的学习能力更强。在课外学习中，他们使用最多的策略是目标设置和计划，使用最少的策略是做实例练习（表1）。但是从总体上看，高中生在课外学习时使用学习策略的比率偏低。

表1　高中生在课外学习策略

课外学习策略	选择的人数		
	是	否	说不清
1.设置目标或计划已完成某些事	120	76	14
2.记忆一些东西	97	95	18
3.从课本、杂志、VCD中寻求一些信息	92	103	15
4.从朋友那里获取信息	87	105	18
5.计划一天要干的事	84	103	23
6.从父母或其他成人那里获取信息	74	118	18
7.学习某些做起来有难度的事情	51	140	19
8.与其他人一起学习和练习某些技能	50	137	23
9.阅读某些令人心烦的内容	48	143	19
10.完成任务后给予自己奖励	41	151	18
11.复习自己已阅读过的材料	40	147	23
12.做笔记	38	161	11
13.把前后学习的内容联系起来	33	153	24
14.思考某个主题并决定怎样学	31	156	23
15.记录自己的学习进步	30	163	17
16.画一些图辅助学习理解	27	160	23
17.检测自己确保理解	24	163	23
18.在书上用下划线标注重点内容	17	172	21
19.做一些实验问题或练习实践	15	173	22

多年的教学我们也发现，特别是普通中学，部分学生经常存在"一看就会、一听就懂、一做就错"的现象，对知识的学习往往停留在"知其然"的层次。学生不懂学习方法，不愿深究"所以然"，这样的学习势必是盲目而低效的。作为教师应重视指导学生学会自我总结，内化知识。而学生记笔记、整理错题以及自主构建章节知识框架图等都是不错的学习策略。

（一）善记笔记

1. 记笔记的重要性

高中学生的笔记主要有课堂笔记和阅读笔记两种。无论是在学习中还是在工作中，学会记笔记，善用笔记，都能让我们在这个信息超载的时代大大地提高效率，高中学生尤其需要记住所有学科相关信息以应对各种考试。贺维在1970年研究发现，一周以后，记笔记的学生记住某些事实的概率是不记笔记的学生的7倍。很多成功人士，大多有记笔记的好习惯。

课堂笔记可以筛选课堂上重要的学习信息，是一种可以长时间保存的记录，它对于克服头脑记忆储存知识的局限性非常重要。尤其是学生要实现的长时记忆，记笔记就显得更重要了。记笔记时把信息写下来，是让你全身心投入到学习中的好方法。记笔记的人学起来更积极，因为要加工信息，并把重要内容记在本子上，同时大脑已经开始理解和关联所学知识，这相当于进行了二度学习。

2. 如何记笔记

相信不少学生都有过这样的经历，教师在讲台上飞快地说着，学生在下面不停地记着，但手上记的还没写完，教师已经擦了黑板开始写下一页的板书了，这时候不少同学都会在心中哀号。实际上，记笔记也是讲究方法的，并不是教师说什么就记什么，而是要挑重点、挑难点、加速记录。

（1）学会有效记笔记。

"你要学会精记笔记，这个过程会让你受益良多。"——彼得·罗杰斯（《斯坦福哈佛统统全A：如何学得更快，想得更妙》一书作者）

学生在课堂做笔记时要有取舍。一是要学会只记重点和学习线索，将老师说的要点记个大概，一些概念性的东西和课本上本就有的叙述就不用特意再记录下来了，可以在笔记本上写下大概的页数，方便查阅。而老师在课堂上补充的课本上没有的内容，以及老师独到的见解，还有课堂上经典的例题可以写进笔记本，有些来不及记的重点知识，可以课后回忆再进行补充完善，这样不仅能兼顾听课也方便日后的复习。二是要养成一次把笔记记完整的习惯，记完笔记阅读一遍，把遗漏的东西补上即可，不要仅为了保持页面的美观而浪费大量的时间。（图11、图12为佛山二中2018级高一学生吴佳慧的笔记）

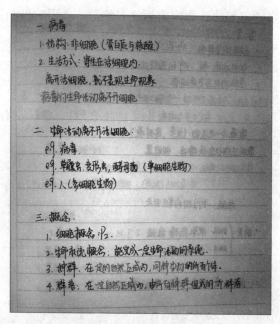

图11　学生课堂笔记1

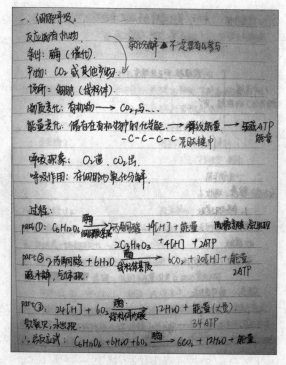

图12　学生课堂笔记2

课堂笔记贯穿学习始终，在课前做预习笔记，在课中做知识梳理笔记，在课后做补充笔记。

阅读笔记多数为课前预习或课后复习笔记，可以在书本中勾画重要性词句（图13），有疑问之处记下来，教师上课时再重点弄明白，有心得体会也记下来，有利于深度理解记忆。这样做有助于学生理解、记忆、找回关键信息，重现系统知识。

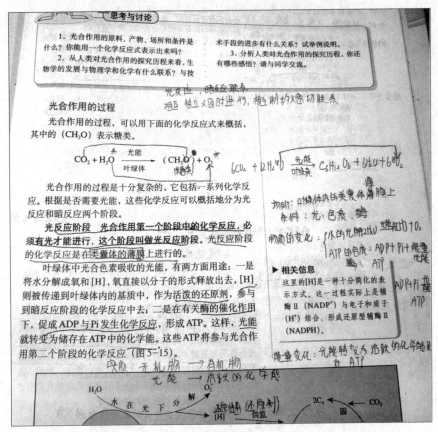

图13　学生阅读笔记

（2）设计自己高效的笔记系统。

用完整句子记录信息是学生常用的记忆方法，通常需要使用速记或其他类似方法。此外，逐字逐句地记录，会使学生在学习和记忆的过程中漏掉很多重要内容。可视化导图是解决这个问题的好方法——尤其对视觉学习者来说，画蛛网状图和思维导图都是十分有效的方法。当然，很多情况下要根据主题而定。对于反复出现的常用术语，许多人发明了自己的缩略词和代号，这能省下不少时间。做笔记时记得留空位，方便自己补充。做笔记时一边整理一边想，相当于把这节课的内容又复习了一次，当然笔记主要是自己用的，可按照自己的习惯有条理地整理。（图14是佛山二中2015级李彬同学的笔记心得，图15、图16是他的分类笔记）

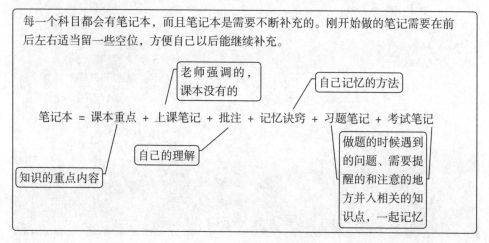

图14　学生笔记心得

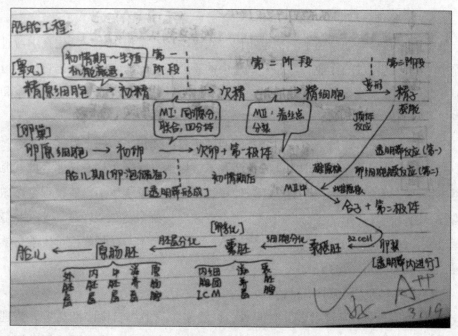

图15　学生课堂笔记

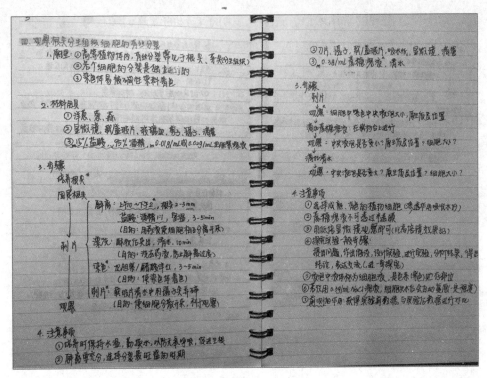

图16 学生实验归纳笔记

（二）整理错题

整理错题需要"错题本"，也叫作"纠错本"，是指中小学学生在学习过程中，把自己做过的作业、习题、试卷中的错题整理成册，便于找出自己学习中的薄弱环节，使得学习重点突出，学习更加有针对性，进而提高学习效率和学习成绩的作业本。

错题本中记录的是学生学习存在的问题集合。抓住了错题，就抓住了学习中的关键丢分问题，如果学生能盯住错题本，以解决问题为核心，那么他就能解决错题，减少丢分。在"错题本"使用过程中，如果学生不仅能整理自己做错的习题，而且还把"容易出错题""难点题""典型题""好题"等一并整理出来，那么它在功能上就成为"好题本"和"会题本"，最终使学生学会学习，成绩提高是必然的了。

1. 错题本的错题要具有选择性

高中阶段的学习科目多、时间紧、任务重，且最终目标瞄准高考，整理"错题本"非常必要，但要讲究方法，才能省时有效。一是错题的渠道要拓宽。错题的来源不要局限在考试中出错的题，在平时练习、做作业的过程中暴露的错题统统都要进入错题本。二是错题的选择要精准。不是每一道题都要记在错题本上，要懂得取舍，重点记录典型的错题。一些泛泛的错误，如计算错误，看错题目等，因为疏忽而错的简单题目，且确定会的题目，可以不整理到错题本。相同题型的错题，前面已经记录整理了，后面可以不再记录，但要标记提醒自己，这样既可警醒自己，又避免耽误过多的时间。

2. 错题本错题的记录方法

为了避免学生对错题机械"抄录"，建议学生在做错题整理时，一是在"错题本"上要完善几个功能，就像模块一样，让"错"变得非常清晰，并能知错理错，如标出"概念错误""思路错误""理解错误""审题错误"等错误原因，标出"错误知识点"，写出答题的方法和技巧等。二是做好标记和标注。在整理错题本时，为节约时间，可以用索引的方式进行标记，便于查找错误知识点来源，也可对本人常见错误及高频错误进行标记（图17为学生错题标注）。三是能举一反三。抄下来的错题，不要把答案一起抄下来，建议将空白留好，过几天再去重新做一次，看自己是否会做，或在课本或者复习题中找到同样的题型或者类似的题目，多做几个题目练习，理清思路，检验一下自己有没有真正地掌握这个类型的题目。四是能记录下解题思路。它是整理的核心，也是题目的突破口。学生们做题的时候肯定会遇到自己上课能够听懂但是不会做题的情况，这是由于学生不知道该题目主要考查什么知识点，不知道题目应该从何分析，而老师上课讲的时候会为大家分析该题目，学生跟随老师的思路走下来，发现考查的也就是基本的知识点的运用，但是下次见了这样的题目依旧不会做。所以，学生在听老师讲解的时候关键要听老师的分析思路，看到这个题目首先应该想什么，这才是最重要的，这比题目的解答过程更重要。因此对于自己做错的题目，学生最好能够将思路记录下来。（图18为学生错题分析）做错题集的方法完全可以按照自己的喜好，喜欢抄题的抄题，不喜欢抄题的剪贴，但这都不重要，重要的是要想明白如何使用错题集。

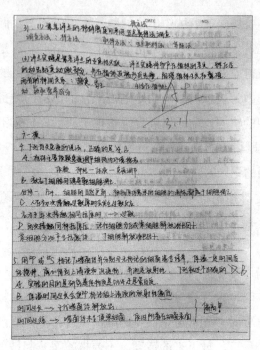

图17　学生错题标注

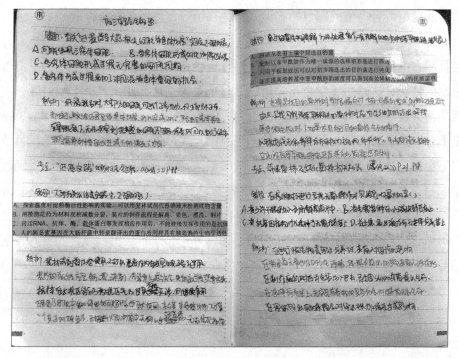

图18　学生错题分析

3. 错题本的使用

对于整理好的错题本，很多学生都是扔在一边，不管不看，其实这是不对的。错题本除了在复习阶段作为复习使用外，平时也可以多回顾，加深印象，养成查漏补缺的好习惯。例如，学生每次做完作业没事的时候，就把错题本翻出来看看，可以盖住解题思路和答案，进行回忆和复述；在进入复习阶段的时候，应该将错题本上的题当作练习题，重新做一遍，根据题目去解答，检验自己的掌握情况；对于自己已经清晰掌握的题目，就可以直接划掉了，对于自己没有掌握的，应该重点标注，一周后重新练习（图19），直到全面掌握，将错题本变成"对题本"；对于学有余力的同学，还可以和其他同学交换错题本，从其他人的错题中找到自己的缺陷，相互提升。

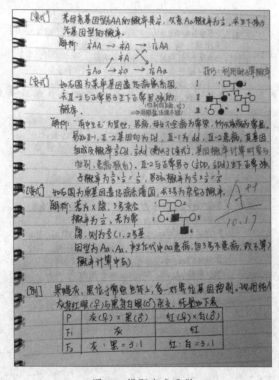

图19 错题变式重做

（三）构建知识框架

理解和应用知识的一个重要学习方法是要学会总结归纳，而自行构建章节或模块知识框架图是培养学生归纳能力、系统掌握知识的好方法。在调查研究中发现高中生存在以下问题：一是不愿做归纳，觉得耗费时间且不能直接见效；二是不会做归纳，将归纳变成了"抄写"，如将笔记再抄一遍、抄书上的各级标题、抄辅导书前的知识小结等；三是对归纳要求高，所有细枝末节全部呈现，耗费时间多，效率低。

为了让学生认同做知识框架有助于学习要注意以下几点：第一，教师要说明归纳的重要性，引导学生舍得花时间来归纳，并逐渐形成一种习惯；第二，加强教师的示范作用，在课堂上，由教师领着学生一起做知识网络；第三，教师可拍下学生的归纳作业，将其在课堂上展示及点评；第四，让学生离开一切书本，整理脑海中储存的知识，并选出核心词，先把要记的主要知识写下来，再梳理它们的关系、细节及错漏，可以看书再补充；第五，知识框架呈现形式可以多样，可以是线索式，也可以是发散式等，重要的是思维的构建过程（图20、图21）；第六，对同一内容，初学者可以做章节的单向知识归纳，而高三一轮复习侧重知识点、线的归纳，二轮应侧重综合性的知识网络归纳。

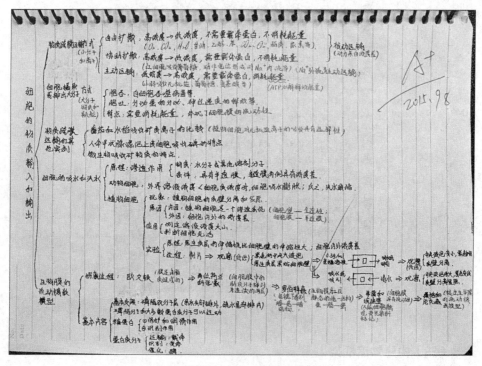

图20　线索式知识框架

图21　发散式知识框架

学习自我监控

一、学习自我监控的含义

自我监控又称自我管理、自我控制、自我调整、自律性管理，是自我意识的重要组成成分。自我监控是指个体对自身的心理与行为的主动掌握、调整自己的动机与行动，以达到所预定的模式或目标的自我实现过程。

学习自我监控是指学生在学习活动的全过程中，将自己正在进行的学习活动作为意识的对象，不断对其进行积极的计划、监察、检查、评价、反馈、控制和调节的过程。学习自我监控能力的高低是影响学生学习成绩好坏的重要因素。培养学生学习自我监控能力，是促进学生主动、自觉有效学习的根本前提和基本保证。

对于研究自我监控的概念，学者们都比较赞同以下观点：一是学生学习的自我监控不仅是对某一较短时间内正在进行的某一具体学习活动的计划、监察、评价、反馈与调节，还指学生对自己在一个较长时期内的学习活动、学习系统的各个方面进行自觉的计划、监察、评价、反馈与调节。二是学生学习的自我监控不仅包括对学习计划的制订、学习方法和策略的选择、学习材料的使用、学习结果的检查和修正等认知过程进行计划、监察和调控，还包括对自己的学习兴趣、学习态度、注意程度、动机水平、情绪状态等非认知因素进行计划、监察和调控。

二、提升学习自我监控能力的途径

（一）加强学生对自我监控重要性的认识

我们对多所中学高一和高二学生的自主学习生物情况进行了问卷调查（1174人），调查反映出大多数学生对生物学科感兴趣，但对教师布置的课外活动积极性不高，在学生自我规划和自我调控方面，只有大约40%的学生能有较好的自我规划能力和自我调控能力，多数学生对学习的自我规划和自我调控不够重视和缺乏方法。李政云、傅金芝等人的研究显示：女生自我监控学习能力各个维度成绩都优于男生。沃建中等人对314名高中生做的研究表明：不同层次的学习动机，其自我监控能力水平不同。学习目标是形成成功的自我监控学习形式的保证，而成绩目标必然导致失败的自我监控学习形式。连格、孟迎芳的研究认为：学业中等生的自我监控学习能力与稳定性、有恒性、自律性等人格特征存在着高度的正相关，而与其忧虑性、紧张性等人格特征存在着负相关。因此，加强学生对自我监控的认识及让学生学会自我监控的方法非常重要。

思想是行动的先导，学生只有思想认识到位，才能真正以实际行动来实现自我监控。作为高中老师，首先要加强学习目的性教育，让学生清楚自己将来要成为什么样的人？自我监控作为人类意识主观能动性的集中体现，不仅是个体走向成熟、由依赖走向独立的重要标志，也是其完成任务、协调关系、适应社会的必要条件。在科学技术高度发展、社会飞速进步的信息时代，学生要尽快适应时代发展，独立学习新知识，更新知识结构，增强自我调控能力就显得尤其重要，从而激发学生自我奋斗、树立自我监控的意识。其次，要让学生了解自我监控的主要意义在于解决"学会学习"的问题。"会学习"主要体现在如何准确制订学习目标、引发疑问和分析、如何完成任务等步骤上，在学习过程中，强调对每一个步骤进展状况进行监控、及时评价、反馈学习中的各种情况，发现其中存在的问题，并据此及时修正、调整学习过程，及时检验结果，及时采取补救措施。这对于开发学生智力，发挥学生的主动性和自觉性，减轻学习负担，提高学习效果等都有着十分重要的意义。最后，就是要设法提高学生自我成功感的意识。教师可根据教材编写特点及学生个人的实际情况，积极为学生创设学业成绩成功的机会，以增强其成功感、自信心和自我控制的内驱力，唤起学生的学习任务意识。

（二）学会自我规划

高中生三年的学业学习，最终要通过高考来检验。所以学生的学习规划可以对学习目标进行分解，以高中三年一盘棋的目标开始，从大到小，一步一步确定，如从高考目标逐步分化到每一天（图1）。

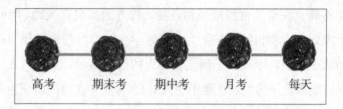

图1 学业目标倒计时规划

学生要确定考试目标的分数与名次，哪些科目可以提分，这些科目哪一部分需要加强？要怎么应对？每天的具体安排如何？（表1）

表1 高三学生周复习计划表

科目	6.22	6.23	6.24	6.25	6.26	6.27
语文	笔记本古诗词鉴赏	书本默写内容前五篇	书本默写内容后五篇	笔记本成语1~25个	笔记本成语26~50个	书本默写全部
数学	必修一第一章错题	—	必修一第二章错题	—	必修一第三章错题	—
英语	U1、U2单词	U3、U4单词+期中考作文范文	U5、U6单词	U1、U2单词+月考作文范文	U3、U4单词	U5、U6单词+全部作文范文
地理	笔记本全部错题	—	笔记本第一章	—	笔记本第二章	—
历史	书本第一章+笔记本第二章	书本第二章+笔记本第三章	书本第三章+笔记本第四章	书本第四章+笔记本第五章	书本第五章+笔记本第一章	练习册打星号的错题

在明确目标的基础上，学生要将每一步的计划细化，使自己清楚知道现在到了哪一步，还有什么没完成。要给自己一定的压力，强迫自己在相同的时间内完成更多的事情，强迫自己在完成相同的任务时用更少的时间。另外，也可以和自我监控能力强的同学在一起，相互监督，以保证计划的落实。

对于计划性不强、执行力弱的学生，也可由老师帮助做大计划，检查落实，待学生形成习惯后，再放手让学生自己做计划和监控。下面通过2018届高三生物寒假学习规划案例说明如何引导学生做好学习规划清单。

2018届高三生物寒假规划

本学期我们已经完成一轮基础复习，下学期二轮复习主要以综合大题形式来提高能力。若基础不够扎实，下学期会更加跟不上。同学们一定要把握好这个无比重要的寒假，做好规划，扎扎实实把基础好好弥补、巩固。学习是不进则退的，请保证好每天专注的学习时间。根据我下面列的清单，自己再整合规划到每一天的具体安排（把规划填入表2中）。

表2　高三生物寒假复习规划表

时间	第1天	第2天	第3天	第4天	第5天	第6天	第7天	第8天
制定任务	看书第一章和第二章	选择题1~18，非选择题1~3	整理章节知识框架	看书第三章	选择题19~31，非选择题5~7	整理细胞结构知识框架	看书第四章	选择题32~38，非选择题第4、14、15题
完成情况（已完成的内容）								

时间	第9天	第10天	第11天	第12天	第13天	第14天	第15天	第16天
制定任务	整理生物膜和运输方式的知识框架	看书第五章	选择题39~47，非选择题8~10、17	整理呼吸作用和光合作用过程的知识框架	看书第六章	选择题48~63，非选择题11~13、16	整理章节知识框架	
完成情况（已完成的内容）								

（1）基础题（印的判断题及选择题）共5张卷，每日一张，需5天完成（答案提供电子版，自己复制回去）。

（2）二轮资料小本"天天增分"，每日2页（一张纸），完成到热点15，需18天。

（3）重要过程图解默写，开学时交默写本（反面有详细指引，标注重点的就是要默写上交的）。

（4）看教材：三本必修、一本选修，至少看两遍，第一遍完整通读，第二遍记忆背诵。

（5）画大知识框架比赛：

关键词：细胞、遗传、变异、生命活动调节、生物与环境。

要求：通过关键词发散，把相关知识用知识框架形式联系起来。每个关键词用一张8开大白纸（试卷纸大小），开学时进行评优，并对优秀作品进行展示。

（三）养成自我监控的习惯

学生在老师的帮助下学会制订学习计划，重要的是能坚持按计划一一完成。高中生的意志力及学习持久性和目标明确性已远远高于初中生，不能总是通过老师和家长的监控来完成学习任务，必须要能够"自律"。

1. 懂得进行科学的时间管理

要有坚强的意志力，排除干扰保证计划的完成，要学会对分心的事情说"不"。例如，上课学生分神、受到小说的诱惑而不能专心学习时，可用自我暗示心理训练，如我不分神、我积极思考、我按计划完成作业等，也可用自我心理训练语，如我有顽强的毅力，我有自控力，越艰难我就越要做，我保证在X分钟做完某事，或与同桌结成同盟，相互提醒和监督。

2. 对学习任务的完成情况进行自我奖励和惩罚

例如，可制定一个自我监控习惯培养的监控表（表3），每周只关注两种习惯的培养，如果哪一天没有做好，就在表中做个标记，每8周一个轮回。如果做到了，可以给自己一个实现小愿望的奖励，如果没有做到，也会有一定的惩罚。

表3　自我奖励和惩罚监控表

周次	习惯	周一	周二	周三	周四	周五	周六	周日
1	计划							
2	预习							

续 表

周次	习惯	周一	周二	周三	周四	周五	周六	周日
3	复习							
4	作业							
5	笔记							
6	总结							
7	提问							
8	补救							

注：每周只关注两种习惯的培养，哪一天没有做好，就在表中做个标记。

学 业 求 助

　　学生在学习过程中会遇到困难，要解决学习困难就得进行学业求助。随着高中学业的增多及心理素质的加强，他们最愿意选择的就是"短、平、快"的求助方式——向老师或学生请教，由老师对问题进行提醒和点拨，是他们最喜欢的求助方式。但由于高中老师的教学任务重、任教班级多，有时候很难顾及每位学生，所以，学生学会应用其他途径来进行学业求助显得非常重要。目前网络资源丰富，对一些难题的解决及知识重难点的讲解，我们都能够寻找到相关的微课或网课资源。利用微课辅助学习就是一个很好的学业求助方式。

一、他人辅助学习

（一）教师帮助

　　我们常说老师是学生最好的学习资源，他能够更快速、更全面、更到位地给学生进行知识解惑。因为老师有着丰富的教学经验以及对自己任教班级和学生充分的认识与了解，在学法指导上有着其他途径不可比拟的优势。但是一名老师往往需要同时面对几十甚至几百个学生，这就需要学生自己主动求助于老师，而且如果事先把自己存在的疑问和困难分析得越清楚越细致，那么老师的帮助针对性越强、效果越好。

（二）同伴互助

　　高中生有相当长的在校时间，同学之间、朋友之间亲和性强，而且高中生的心理特点是更容易受到同伴的影响，同伴互助应该说是最常见也是最容易实现的学习他助途径。在我们的教学实践中，除了学生在学习上自由结对子之外，老师还可以尝试组织和引导下建立"班级学科导师制度"和"自主合作探究学习小组制度"。

1. 小组互助学习

通过组建学习小组，实行小组长负责制，小组成员分工合作学习，采取量化考核强化小组互助，实现共同进步（表1）。

表1　佛山二中学生小组自主学习得分登记表

备注：加分用+，扣分用–表示						
日期：				科代表：		
小组	组员	加分（或扣分）				全组总得分
		学习			个人合计加分	全组合计加分	
		课堂	作业	成绩			
1	李××（组长）						
	×××						
	×××						
	×××						
	×××						
2	王××（组长）						
	×××						
	×××						
	×××						
	×××						
	×××						
3	刘××（组长）						
	×××						
	×××						
	×××						
	×××						
	×××						

2. 小组合作实验

高中生物选修1《生物技术实践》主要是实验内容多、实验种类多、耗时长，其中的传统发酵技术跟生产生活联系密切，可由学生小组回家合作完成，如制作果酒、泡菜等。（图1、图2）可让学生小组合作完成实验，拍成视频或图片进行展示。

图1 果酒制作   图2 泡菜制作

另外，让学生小组设计评价表竞标，选用票数最高的评价表（表2），小组长代表本组参与相互评价，最后统计总分，将小组成果与得分予以公示。

表2 2013届高二（13）班果酒制作实验评价表

2012年4月24日

项目（分值）＼组别	一组	二组	三组	四组	五组	六组	七组	八组	九组	十组	十一组	十二组	十三组
澄清度（20分）	10	15	14	16	17	18	10	13	15	15	12	12	10
酒味（40分）	30	22	10	25	36	36	15	23	25	30	32	25	10
口感（40分）	15	15	10	30	35	37	15	27	25	35	30	28	10
总分	55	52	34	71	88	91	40	63	65	80	74	65	30
排序	9	10	12	5	2	1	11	8	7	3	4	6	13

评委签名：余湘坤 孔淑华 林瀚天 何伟浩 金 路 杨惠钦 伍泳敏

制作果酒实验，老师还可结合生活实际提出以下问题让学生做出合理解释并学会用数学模型表达（图3）：①传统米酒制作中常在煮熟的米坛中挖出一定空间，这样做的目的是什么？酒精发酵过程中"先来水"还是"先来酒"？为什么？（创造有氧环境，使酵母菌进行有氧呼吸而大量繁殖，增加菌种数量；酒精发酵过程中"先来水""后来酒"；发酵前期酵母菌进行有氧呼吸产生水，发酵后期酵母菌进行无氧呼吸产生酒精和二氧化碳）②某同学在制作果酒的第5天，打开封盖排气，忘记封盖，3天后观察，你认为会有什么现象？③请你在一个坐标图中画出果酒和果醋发酵过程中酵母菌数量、酒精浓度、醋酸、浓度、pH的变化曲线。

图3　学生小组代表展示

3. 合作改进实验

高中生物必修1《探究不同条件下过氧化氢的分解速率实验》中，由于教材实验装置不密封，在实际的操作中，存在以下几点不足：

（1）新鲜的肝脏研磨液催化过氧化氢反应的速度非常快，若操作不规范，滴加的肝脏研磨液量稍多，瞬间会产生大量泡沫，溶液易喷出试管。

（2）试管中产生大量泡沫的同时，产生的水汽也多，可能导致点燃的卫生香不能剧烈燃烧。

（3）不能定量检测产物的生成速率。

为此，学生就如何收集产生的氧气，如何改进实验装置进行讨论。学生根据初中化学知识提出了排水集气法，但是对照实验不太好比较气体量的多少，最后决定将定性实验改为定量实验：用针筒收集产生的氧气，读取刻度，比较反应速度，再设置空白对照组排除加热对气压的影响（图2~图4）。这样，教师放手学生改进实验，培养学生敢于质疑、勇于创新的精神，促进了学生科学探究思维能力的提高。

图4　用针筒收集产生的氧气

 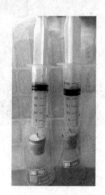

图5　排除无关变量　　　　图6　读取数据
（加热）对气压的影响

4. 学习自主出题

当学生能教别人学习时，自己的知识掌握会更深刻。当他们能从老师的角度自主命题时，不但能使知识内化，还能更全面细化知识，学会设问，准确答题。每天课前5分钟展示让全班同学作答，出题者要进行解答及评价，这不仅是对学生所掌握知识的检验，更是对出题者的考验。以下是一些学生出的判断类试题范例：

请大家用3分钟完成，2分钟讨论

1. 线粒体DNA位于线粒体外膜上，编码参与呼吸作用的酶。（　　）

2. 成熟的红细胞进行无氧呼吸，产生乳酸的场所是细胞质基质。（　　）

3. ATP水解成ADP和Pi时放能，可供主动运输利用。（　　）

4.磷脂不可溶于丙酮、水、乙醚。（　　）

5.线粒体合成的ATP可进入叶绿体供暗反应利用。（　　）

6.在人体衰老、癌变细胞中水的含量会减少。（　　）

答案

1.×位于线粒体基质上（专题01卷第九题）。

2.√（周测二第七题）。

3.√（书本第72页知识连接）。

4.×通常不溶于水，但溶于脂溶性有机溶剂，如丙酮、氯仿、乙醚。

5.×叶绿体中供暗反应利用的ATP是光反应产生的。

6.×癌变细胞中自由水含量会增加，代谢旺盛。

二、网络辅助学习

现在丰富的网络学习资源可以作为学生在课堂学习之外的一个强有力的补充。如果学生对某个知识点的学习存在疑问，或者想进一步学细学深，他可以在网络上比较容易地搜索到相关的微课内容、网课内容，一般都会从中得到细致且系统的讲解。而一些App则可以方便及时地解决学生在练习过程中碰到的困惑，还可以同时补充变式训练，简单、方便、有效。但是网络资源的获取需要学生有相关的数码产品，如手机、平板电脑和可以上网的网络环境。对于全寄宿不能使用手机且知识缺漏不一的高中学生，以网络资源中对学生进行重难点知识突破，可灵活使用的就是微课。

（一）微课辅助学习

什么是微课，不同的学者从不同的视角和观点可以归纳出不同的概念。例如，胡铁生认为微课是按照课程标准及教学实践要求，以教学视频为主要载体，在课堂教学中教师针对某个知识点或教学环节而开展的教与学活动中所反映的各种教学资源的有机组合（胡铁生，2011）。郑小军认为，微课是一种以短小精悍的教学视频为主要载体的数字化资源包的形式来促进教学的工具（郑小军，2014）。我们认为，微课是指运用信息技术，按照认知规律，呈现碎片化学习内容、过程及扩展素材的结构化数字资源，它具有时间短、主题突出、简洁直观等优点。

微课辅助学习法：是指利用不同类型的微课，应用于课前、课中、课后等不同场景，帮助学生梳理主干知识、理解难点问题、掌握学习方法的一种学习方法。

（二）对微课认可程度的调查

我们对佛山市第二中学高三理科学生就微课的认识及使用进行了抽样调查，共发出问卷167份，回收问卷167份，其中男生116人，女生51人。通过对问卷的统计（问卷内容见附1），发现以下特点。

1. 高三学生学习较为投入，但学生在课后仍存在学习上的困惑

进入高三之后，高考的压力和对自己未来高考成绩的期待，让大部分高三学生都能够比较投入地进入学习状态。85%左右的学生只是偶尔在上课时出现注意力分散的情况。超过80%的学生认为上课结束后自己仍然还有弄不懂的地方。同时超过半数的学生认为自己的自主学习能力不足，或者完全没有自主学习能力。

2. 学生接触过网络学习，但对于完全独立自主的网络学习效果没有自信

虽然约28%的学生更喜欢利用网络资源自学，但只有18%的学生认为自己网络自学的效果较好。这一现象说明，我们的学生对于网络学习有所了解，但更认同传统的学校教育，同时认为在学校的学习效果更好。在网络学习时长方面，超过80%的学生喜欢选择20分钟以内的学习资源。

3. 学生对微课有初步了解，但使用频率不高

得益于互联网和信息技术的发展，大部分学生对微课有了初步的了解，完全没听过微课的学生仅占14%，超过80%的学生通过网络和老师接触过微课。但调查结果显示，学生接触到的微课学习网站较为分散。动画和视频类的微课由于直观明了，更容易引起学生的学习兴趣。但受限于学校对手机的管控，学生利用微课自学的媒介较为匮乏，约90%的学生几乎没有见过或者完全没有见过周围同学利用微课进行自学。

4. 多数学生愿意接受微课作为辅助式的教学方法

超过60%的学生愿意利用微课进行学习，只有28%的学生不愿意使用微课。在课堂上，他们更愿意通过老师讲解和微课辅助对一个知识点进行学习。同时学生还认为，微课可以帮助他们在课前预习和课后复习知识点。微课对学生的吸引力在于时间短、学习方式灵活，可以弥补课堂学习效率不高的问题。

5. 学生高考目标明确，但学习生物的自主性不强，对他人的依赖性较高

61%的学生努力学习生物学科的最主要原因，是为了高考取得好成绩。虽然学生学习生物的目的性较强，但兴趣不足。这一结果值得我们反思。第20题和22题的调查结果表明，学生学习生物的方法较为机械，主动性和积极性较弱。在学习中遇到困难，学生更倾向于借助他人解决问题，只有30%左右的学生愿意自己查阅资料自学。

从学生的角度来看，学生的自主学习能力有待加强，利用微课学习的习惯有待养成，学习资源和媒介获取不足。

（三）微课对生物一轮复习学生自主学习能力提高的影响

在完成基础知识、核心概念和习题评讲三种微课类型的实施后，我们进行第二次问卷调查（问卷内容见附2）。本次调查对象与第一次相同，共发出并回收问卷167份。通过对结果的分析，发现以下规律。

1. 学习生物的兴趣提升，利用微课学习的习惯初步养成

经过一段时间的适应和磨合，超过70%的学生认为，自己学习生物的兴趣提升了。同时，学生利用微课进行学习的自主性得到加强。超过70%的学生希望采取听老师讲和微课自学相结合、同时自己又有一定的自主权的方式来完成一轮复习。目前还属于学生利用微课学习的兴趣爆发期，所以约73%的学生经常看到周围的同学在看老师发布的微课。受客观条件的限制，学生更喜欢在教室观看微课。学生利用微课自学的目的性很强，如40%的学生希望利用微课来帮忙解决不会做的作业题目。而在老师利用微课进行辅助教学时，学生更倾向于在课中以微课为媒介进行老师与学生之间的互动。这一结果，与第一次问卷调查中第16题的结果（学生更倾向于在课前和课后利用微课学习）相比较已经有了明显的区别。这说明学生对微课的认识，已经由最初的盲目认知到达较为理性思考的阶段。

2. 学习的计划性较弱但目的性较强，对生物学科的兴趣仍有待加强

只有约43%的学生制订过或者有时制订自己的学习计划，超过半数的学生一般不会主动制订学习计划，但约77%的学生经常会或者有时会对自己的考试成绩有目标和期待。学生为了高考或者会考学习生物的比例，由第一次调查的61%降到51%，原因是有一部分学生喜欢微课辅助式的教学方式。

3. 总体学习时间占比较高，但时间管控能力较弱

45%的学生经常提前回教室学习，36%的学生偶尔提前回教室学习，这说明学生总体学习时间占比较高。但经常在上课前预习的学生仅占16%，在老师不布置作业的前提下经常自己找习题做的学生仅占21%。这一现象说明，学生的学习积极性和主动性有一定提升，但时间利用能力不高、学习效率不高。有38%的学生认为课堂中老师讲课的时间合适，但同时也有26%的学生认为老师讲得太多。学生已经有意识地争取更多的课堂自主权。

4. 学习信心提升，但缺乏有效的学习方法

59%的学生认为自己对于生物的学习有信心。但在学习过程中，有自己的一套方法的学生仅占27%。23%的学生需要借鉴别人的方法，49%的学生没有有效的方法。

5. 自主学习的意愿加强

80%的学生愿意在没有监督的前提下，利用微课自学，自学的主要是教材中不太难的内容。在做作业时遇到问题，55%的学生愿意自己思考解决或者自己查参考书解决。55%的学生愿意对自己的学习情况进行总结，以明确努力的方向。

6. 初步具备自我评价能力

超过60%的学生，可以预测自己的考试成绩，会初步评价自己的作业完成质量，但仍有提升的空间。与第一次调查相比，在学习生物遇到困难时，学生解决问题的办法更多，主动性更强，依赖性下降。

通过比较可以发现，微课能促进学生学习生物兴趣的提升，能促进学生良好学习行为和习惯的养成。总体来看，利用微课辅助教学，学生的自主学习能力有一定程度的提升。

（四）微课辅助学习提高学生自主学习能力的策略

结合高中生物学课程内容的特点及教学实践经验，我们提供给学生的微课主要分为四类：知识讲解类、实验展示类、难点解惑类和习题讲解类。知识讲解类是以浅显易懂、直观明了的方式帮助学生梳理基础知识和核心概念，主要应用于课前；实验展示类主要用于直观展示实验原理和操作，解决高中生物实验课程开设不足的问题；难点解惑类是针对某一个复杂难懂的问题进行详细拆解，帮助学生理解其中的原理，理清知识脉络，这两类微课主要在复习授课过程中使用；习题讲解类是针对学生普遍做错的、符合核心主干知识的、具有代表性的经典习题进行讲解，帮助学生理清解题思路、避开解题误区。

微课辅助使用要结合授课的内容、学生的学情、教师的教学经验灵活运用，不能生搬硬套、机械模仿。（以高三复习为例）

1. 课前利用微课查漏补缺、构建知识网络

高三生物复习面临的第一个难题就是学生对高一高二所学知识遗忘率较高。但由于这部分内容他们已经接触过，所以也缺少新授课时接受新知识时质疑和探究的兴趣。这就使得部分高三毕业班的学生本该夯实的基础并没有打牢，本该提升的能力也缺乏基础知识的支撑。

微课作为一种兴起不久的教学方法和工具，提高了学生的学习兴趣。作为在复习课前使用的微课，难度不宜过大，目标应该锁定在对一节或者一个专题的内容进行清查和梳理上。例如，高中生物必修1《分子与细胞》第2章《组成细胞的分子》中的知识点"碎片化"现象比较明显。此时教师如使用微课将抽象的细胞结构直观地展现出来，将零散的知识点系统联系起来，可有效解决学生的知识遗忘问题。为了检验学生的自主学习效果，教师还可以给出中心关键词要求学生完成知识网络的构建，进一步帮助学生打牢基础。

2. 课中利用微课将抽象的概念直观化和重难点内容模块化

在学生课前利用微课对基础知识进行有效学习和梳理之后，教师上课的主要任务就应该转为引导学生深化对核心概念的理解和对重难点内容的突破上。这样的课堂既保证了效率，又提高了目的性，提升了学生提出问题、分析问题和解决问题的能力。

（1）核心概念直观化。

《普通高中生物学课程标准（2017年版）》的"设计依据"中指出，生物教学要根据生物学的大概念来构建课程体系和内容框架，通过大概念的学习，帮助学生形成生命观念。在实际教学过程中，学生对某个内容的不理解很大程度上都可以归结为对核心概念的模糊。例如，高中生物必修1《分子与细胞》中《光合作用的原理和应用》这部分内容出现的"总光合速率"和"净光合速率"两个概念，与影响光合作用的因素关系密切。如果学生无法准确理解这两个概念，那么理解光合作用的应用就无从谈起。讲解这两个概念时，不少教师的处理方式是先展示定义，之后配合练习进行讲解。学生无法直观感受二者的区别，导致教学效果不佳。如果结合"探究环境因素对光合作用强度的影响"微视频直观展示光照强度不同时叶片上浮数量的差异，再结合生活中常用的"纯收入"概念进行讲解，可较好地进行突破。

（2）重难点内容模块化。

核心素养的提出改变了高考命题的导向。高考生物全国卷越来越重视学生对某一现象或者事实的科学探究能力的考查。这种考查方式需要学生具备较强的分析、解决问题的科学思维能力，是大多数学生突破的难点。微课以其"短小精悍"、可单独就某个问题进行直观展示的特点，可以帮助学生有效训练科学思维能力。以"寻找坐标曲线中光合速率与呼吸速率相等的点"为例，其实质为曲线中净光合速率为零的点。但学生对光照强度、二氧化碳浓度等因素如何影响光合速率理解不透彻，对开放环境和密闭环境的区别不清楚，往往导致其在考试中丢分。制作微课以典型例题作为切入点，帮助学生找到解决此类题目的规律、构建解决此类题目的解题模板，在教学实践中效果不错。

3. 课后利用微课解决课堂延伸的问题

高三生物复习过程中，教学内容多、教学时间紧、习题量大，学生还存在边学边忘、错误习题不能及时解决的问题。但受限于客观因素，教师不可能多次重复所学知识，也不可能在试卷讲评时面面俱到，满足所有学生的要求。为了解决这些问题，教师可以将核心知识、典型错题做成微课，甚至可以利用微课对学生所学知识进行拓展和外延，扩大学生的知识面，如艾滋病专题的微课、人类遗传病专题的微课等。

不管是以上使用的哪一条策略，实则都需要学生发挥主观能动性，主动寻求他助的有效途径，在心理上认同并切实践行。

附1：

对微课的认可程度调查

亲爱的同学们：

你们好！为了提高我们高三生物一轮复习的效率，老师需要向你们了解对于生物一轮复习的想法和对微课的认识，你们的意见对于我们非常重要。问卷不记名，每题的答案只有一个，没有好坏之分。调查结果只是作为统计（表3）和我们采取复习方法的使用依据。请认真完成问卷，谢谢你的支持和配合！

课堂教学基本情况调查：

1. 您的性别：（　　）

A. 男　　　　　　　B. 女

2. 在平时上课过程中，您是否出现过注意力不集中，注意力分散的情况？（　　）

A. 经常　　　　　　B. 一般　　　　　　C. 偶尔　　　　　　D. 从没

3. 在平时的上课过程中，您是否出现过老师讲解完还有疑问的地方（　　）

A. 经常　　　　　　B. 一般　　　　　　C. 偶尔　　　　　　D. 从没

4. 您认为自己的自主学习能力（课前预习、课后复习和作业完成）如何？
（　　）

A. 自主学习能力很强，可以自主完成学习

B. 自主学习能力还可以，基本可以自主完成学习

C. 自主学习能力不足，需要家长、老师或者同学指导

D. 完全没有自学能力，只有家长、老师指导才能完成学习

5. 您认为哪种课堂可以提高课堂效率？（多选题）（　　）

A. 课堂上有活跃的上课氛围

B. 教师的教学资源丰富，能够学到课本以外的知识

C. 能够开展小组协作学习，有相应的奖励政策

D. 教师的个人魅力强

对网络学习的看法：

6. 相对于在教室上课，我更喜欢在网络上进行学习或自学（　　）

A. 非常符合　　　　B. 符合　　　　　　C. 不太符合　　　　D. 完全不符合

7. 我在网络上进行课程内容学习效果更好（　　）

A. 非常符合　　　　B. 符合　　　　　　C. 不太符合　　　　D. 完全不符合

8. 在进行网络自主学习时，你喜欢哪种时长的视频资源（　　）

A. 10分钟以内　　　B. 11~20分钟　　　C. 21~30分钟　　　D. 30分钟以上

对微课的了解：

9. 你知道什么是"微课"吗？（　　）

A. 非常了解　　　　　　　　　　　B. 一般了解

C. 听说过但不知道是什么　　　　　D. 没听说过

10. 你从何种途径接触到"微课"？（　　）

A. 网络　　　　　　B. 老师　　　　　　C. 同学　　　　　　D. 其他

11. 以下有关"微课"的网站你接触过的有哪个?( )

A. 网易云课堂　　　　　　　　B. 搜狐视频

C. 中国大学MOOC(慕课)　　　　D. 其他

12. 你对哪种形式的"微课"感兴趣?( )

A. 录像/视频　　　B. 动画　　　　C. PPT演示　　　D. 其他

13. 你周围的同学使用"微课"学习的情况是( )

A. 非常常见　　　B. 偶尔见到　　　C. 几乎没有见过　　D. 完全没见过

对微课使用的意愿:

14. 如果可以,您是否愿意使用"微课"进行学习( )

A. 非常愿意　　　B. 一般愿意　　　C. 无所谓　　　　D. 不愿意

15. 通过"微课"来学习一个知识点,您最能接受的形式是( )

A. 做成视频,看着屏幕上老师的讲解示范

B. 看老师详细的板书,思路梳理,有没有老师无所谓

C. 只要老师提供思路就可以

D. 无所谓形式,只要能够解决问题就行

16. 利用"微课"进行学习,您希望在教学的哪个环节进行( )

A. 课前预习　　　B. 学习新课　　　C. 课后复习　　　D. 无所谓

17. 教师利用多媒体上课时,您觉得对知识点的学习有帮助吗?( )

A. 帮助很大　　　B. 一般　　　　C. 没有帮助　　　D. 不清楚

18. 您觉得微课最吸引你的地方是( )

A. 课程时间短,可以充分利用零碎时间学习

B. 视频形式,观看方便

C. 集中解决一个知识点,有针对性

D. 可以弥补课堂效率不高的问题

学生自主学习能力预估:

19. 使你努力学习生物学科的最主要原因是( )

A. 为了高考取得好成绩　　　　　B. 对生物学科热爱

C. 喜欢生物老师的教学方式　　　D. 家长和老师的期待和督促

20. 对于生物学科的预习,你常用的方法是( )

A. 不预习或只会翻阅课本

B.阅读要学的内容，并划出要点

C.把要学的内容看一遍后，尝试做一些题目来巩固

D.针对所学的内容，整理提纲，有疑问的地方做记号以便提问

21.对生物学科的学习遇到困难时，你主要采取的措施是（　　）

A.请教同学　　　　　　　　　　B.主动请教老师

C.自己查有关资料、参考书等　　　D.不想尝试解决

22.在做生物实验时，你会（　　）

A.不预习，边看书边按书本上的做

B.预先搞清原理，课堂上按书上步骤完成

C.喜欢对教材上的实验进行改进

D.很少动手完成

23.当你缺课几天甚至更长时间，你会（　　）

A.找老师补回　　　　　　　　　　B.请辅导老师

C.在网上找相应的教学视频学习　　D.找同学讲解

表3　对微课的认可程度调查结果统计表

题号	人数（人）	A率（%）	人数（人）	B率（%）	人数（人）	C率（%）	人数（人）	D率（%）
1	116	69.461	51	30.539	0	0	0	0
2	5	2.994	21	12.575	138	82.635	3	1.796
3	60	35.928	79	47.305	24	14.371	4	2.396
4	33	19.761	41	24.551	77	46.107	16	9.581
5	26	15.538	37	22.156	62	37.156	42	25.15
6	7	4.192	40	23.952	108	64.706	12	7.15
7	10	5.988	20	11.976	92	55.09	45	26.946
8	50	29.94	87	52.096	10	5.882	20	12.082
9	37	22.156	56	33.533	50	29.94	24	14.371
10	94	56.287	42	25.15	19	11.377	12	7.186
11	23	13.773	47	28.144	8	4.79	89	53.293
12	39	23.353	61	36.53	33	19.76	34	20.357
13	7	4.192	28	16.766	23	13.773	109	65.269
14	55	32.934	46	27.545	18	10.778	48	28.743

续 表

题号	人数（人）	A率（%）	人数（人）	B率（%）	人数（人）	C率（%）	人数（人）	D率（%）
15	72	43.115	54	32.335	21	12.575	20	11.976
16	63	37.724	19	11.377	53	31.736	32	19.163
17	102	61.087	41	24.551	3	1.792	21	12.570
18	69	41.317	22	13.174	27	16.168	49	29.341
19	103	61.677	29	17.365	14	8.383	21	12.575
20	66	39.522	58	34.73	28	16.766	15	8.982
21	65	38.922	38	22.754	51	30.54	13	7.784
22	46	27.545	95	56.886	4	2.395	22	13.174
23	53	31.737	14	8.383	26	15.569	74	44.311

附2：

微课对生物一轮复习学生自主学习能力提高的影响

亲爱的同学们：

你们好！我们前段时间在一轮复习中利用微课进行辅助学习，为了了解你们的接受情况和自主学习情况，以研究对策改进课堂教学，所以进行本次问卷调查。下列题目的答案只有一个，每个答案并无好坏之分，希望你们根据自己的真实想法如实填写。本次调查不记姓名，调查结果只作为研究使用（表4）。请认真完成，谢谢你的支持和配合！

微课对生物一轮复习的影响：

1.经过这段时间的适应，你希望怎样完成自己的生物一轮复习？

A.利用微课，完全独立地由自己支配学习时间

B.听老师讲与微课自学相结合，有一定的自主权

C.不喜欢微课，希望老师多讲点

D.无所谓

2.这段时间，你觉得自己学习生物的兴趣提升了。（　　）

A.非常符合　　　　B.比较符合　　　　C.不符合　　　　D.说不清

3.这段时间，你经常看到周围同学在看老师发布的微课。（　　）

A.非常符合　　　　B.比较符合　　　　C.不符合　　　　D.没留意

4. 你喜欢在什么地方观看微课? (　　)

A. 课室　　　　　　B. 宿舍　　　　　　C. 任何地方　　　　D. 家里

5. 老师利用微课进行教学时, 你希望老师什么时候提供微课给你学习? (　　)

A. 课前　　　　　　B. 课中　　　　　　C. 课后　　　　　　D. 周末

6. 你利用微课自学时, 你喜欢什么类型的微课? (　　)

A. 利用基础知识类微课进行课前预习

B. 利用核心概念类微课对主干知识进行理解

C. 利用习题评讲类微课解决不会的题目

D. 利用实验演示类微课进行实验过程的复习理解

确定学习目标的能力:

7. 你在学习生物时, 经常给自己制订学习计划吗? (　　)

A. 经常制订　　　　B. 有时制订　　　　C. 一般不制订　　　D. 没有这个习惯

8. 你认为学习生物的目的是 (　　)

A. 为将来在生物科学方面有所作为　　　B. 生物知识有趣

C. 为了高考和会考　　　　　　　　　　D. 喜欢这种教学方式

9. 你是否根据实际情况来确定各学期期中和期末考试应达到的目标? (　　)

A. 经常有　　　　　　B. 有时有　　　　C. 很少有　　　　　D. 从来没有

时间管理能力:

10. 你在上生物课前经常预习有关内容吗? (　　)

A. 经常　　　　　　B. 不经常　　　　　C. 很少　　　　　　D. 从来不预习

11. 如果老师不布置作业, 你会自己找习题做吗? (　　)

A. 经常　　　　　　B. 不经常　　　　　C. 很少　　　　　　D. 从来没有

12. 你认为教师在课堂教学的时间分配上总体现状如何?

A. 老师讲得太少, 应该多讲　　　　　　B. 老师讲得太多, 应该少讲

C. 讲课时间合适　　　　　　　　　　　D. 说不清楚

13. 你的课余时间是如何安排的? (　　)

A. 经常提前回教室或去图书馆看书　　　B. 偶尔提前回教室学习

C. 基本上花在吃饭、洗衣服和娱乐上　　D. 不知怎么安排, 没有计划

学习方法选择能力:

14. 你在掌握学习生物方法方面（　　）

A. 有自己的一套方法　　　　　　B. 经常借鉴别人的方法

C. 除了刻苦努力之外，没有什么办法　D. 比较困难

15. 在生物学习方面你对自己的信心是（　　）

A. 充满信心　　　B. 比较有把握　　　C. 需要再努力　　　D. 比较困难

学习监控能力:

16. 如果没有家长和老师的督促，你愿意利用微课自学吗？（　　）

A. 我会利用微课主动学习　　　　B. 有时能利用微课主动学习

C. 管不住自己，不能主动学习　　D. 复习时间有限，不愿意

17. 在做生物实验时，你会（　　）

A. 不预习，边看书边按书本上的做实验

B. 自己搞清原理，再按实验步骤操作

C. 喜欢对教材上的实验进行改进

D. 很少动手完成

18. 对于生物教材中不是太难的内容，你希望（　　）

A. 以老师讲为主　　　　　　　　B. 自己学习

C. 老师讲和自学相结合　　　　　D. 无所谓

19. 你在做作业时遇到问题的主要解决方式是（　　）

A. 完全靠自己思考解决　　　　　B. 找有关参考书

C. 问老师或同学　　　　　　　　D. 与别人共同研究

20. 你在总结学习情况方面是怎么做的呢？（　　）

A. 经常总结，明确今后努力方向　B. 有问题时找找原因

C. 只是不断努力，用行动代替总结　D. 不会总结

学习自我评价能力:

21. 考完生物之后，你能否预测自己的成绩（　　）

A. 与自己预测的不相上下　　　　B. 大概知道自己的位置

C. 与自己预测相差较远　　　　　D. 没有预测过

22. 你完成生物作业的做法是（　　）

A. 先看书复习后完成　　　　　　B. 边做边看书

C.独立完成，并通过看书来检查　　　D.完成就行，不管对与错

23.当生物学习遇到困难时（　　）

A.通过查资料等方法坚持自己解决　　B.请教老师、同学

C.跳过去，以后再说　　　　　　　　D.先尝试微课自学，不懂再问老师

表4　微课对生物一轮复习学生自主学习能力提高的影响调查结果统计表

题号	人数（人）	A率（%）	人数（人）	B率（%）	人数（人）	C率（%）	人数（人）	D率（%）
1	18	10.778	121	72.455	15	8.982	13	7.785
2	34	20.359	84	50.299	36	21.557	13	7.785
3	56	33.533	68	40.719	43	25.748	0	0
4	81	48.503	24	14.371	62	37.126	0	0
5	39	23.353	75	44.91	53	31.737	0	0
6	46	27.545	54	32.335	67	40.12	0	0
7	21	12.575	52	31.138	89	53.293	5	2.994
8	12	7.186	33	19.76	86	51.497	36	21.557
9	87	52.096	42	25.15	32	19.162	6	3.592
10	28	16.766	83	49.701	38	22.754	18	10.779
11	36	21.557	68	40.719	49	29.341	14	8.383
12	31	18.563	44	26.347	64	38.323	28	16.767
13	76	45.509	61	36.527	19	11.377	11	6.587
14	46	27.545	39	23.353	53	31.737	29	17.365
15	34	20.359	65	38.922	52	31.138	16	9.581
16	60	35.928	76	45.509	31	18.563	0	0
17	38	22.754	102	61.078	6	3.593	21	12.575
18	25	14.97	43	25.749	87	52.096	12	7.185
19	35	20.958	58	34.731	46	27.545	28	16.766
20	26	15.569	68	40.719	66	39.521	7	4.191
21	39	23.353	69	41.317	34	20.359	25	14.98
22	41	24.551	47	28.144	50	29.94	29	17.365
23	29	17.365	63	37.725	30	17.964	45	26.946

第四章

教学体会与感悟

试论生物教学中学生的个性发展

现代教育思想强调以学生主体和个性优化为中心，以培养有创新精神和实践能力的符合社会要求的合格人才为目标；强调实施素质教育，提高学生的整体素质。而素质教育归根到底是尊重个性、发展个体的教育。要提高学生的整体素质，就要面向全体学生，尊重每个学生在家庭背景、性格、生理智力等方面存在的差异性，从学生的个性差异出发，挖掘学生各方面潜能，便每个学生在原有素质的基础上得到发展和完善。生命科学是21世纪的前沿科学，与数、理、化等学科密切交叉、重叠，它在提高全民素质方面起着举足轻重的作用。所以，在中学生物教学中，我们要根据生物学科的特点，发展学生个性、提高学生的素质。在具体教学中，如何根据学生存在的个性差异，因材施教，促进学生的个性发展呢？本文从以下几个方面做初步探讨。

一、实施学生评定多元化

17世纪德国著名哲学家莱布尼茨说过一句至理名言"世界上没有两片完全相同的树叶"。同样，在人类社会中，也没有两个完全相同的个体和人格。学校教育的对象是不同年龄、爱好、特长及不同能力的学生。我们要尊重、承认和重视学生的个性特长及差异，想方设法地发挥他们的特长与优势，保护和扶

167

植学生萌发出来的特殊才能的幼芽。

学生的个性发展很大程度取决于教育的评价制度及学校、教师的评定标准。如果对学生的评价像工厂生产"标准件"产品一样，只以学生学科成绩的高低作为唯一评价标准，则会使学生围绕这一标准死读书、读死书，扼杀了学生的个性特长，背离了当今社会对人才的要求和方向。要想从根本上改变这一现象，教师首先要转变观念，改变对学生的单一终结性评定为多元化评定，这样学生就会自然沿着新的评定方向去努力。我认为对学生的评定可采用过程性和终结性评价相结合、学生评价与教师评价相结合、知识考查与能力考查相结合的原则，对学生生物学的基础知识、技能、能力、思维、发展状况实施综合性评价，从而促使学生的个性发展，全面提高自身素质。

在学生学习生物课之初，我先给学生说明我对他们学习生物学知识的评价标准：有随堂思维考查、实验（观察、操作、探究、设计）考查、书面考试、小专题报告等，使学生对成绩评定心中有数，学有目标。并设立思维火花奖、标新立异奖、小组协作奖、敢于质疑奖等，保护学生的个性，激励他们的发展。

例如，我在上《性别决定》一节时，讲到XY型性别决定时，我给他们分析了人类生男生女的问题，根据女性只提供X型性染色体的卵细胞，男性可提供X型性染色体和Y型性染色体两种精子，所以生男（XY）生女（XX）主要决定在男方，并对男生们说"学了今天这一课，今后无论生男孩或生女孩，应多找自己的责任，不能重男轻女哦？"这时一位男生举手发表了不同见解："我认为生男生女的责任在女方，因为我们提供了X、Y型两种精子，把选择的机会让给了女方。"这一言论立即得到全体男生的掌声鼓励，也对传统解释提出了挑战。当时，我并没有觉得下不了台，反而及时肯定了他的逆向思维和大胆发表看法的行为，授予他"标新立异奖"。

根据遗传图解讲男女比例为1：1时，又有一位学生提出："虽然男性个体生成的两种配子之间比例相等，但含X染色体的精子与含Y染色体的精子比较，Y型染色体精子比X型染色体精子体积小，游动速度快，Y型染色体精子比X型染色体精子更易与卵细胞结合，应该男比女多。"对他的质疑和推测，我授予他"敢于质疑奖"，并布置学生课后自己查资料，自我解疑。

在讲《生态系统》一节时，我让各班学生自行分成若干个小组，自制"生态瓶"，以小组制作的"生态瓶"保持时间最久、选材最环保、小组最协作等为最佳评定标准。学生们热情高涨，每个小组认真讨论选用哪种容器，何种生物，放置何处等。他们制作的"生态瓶"五花八门：有用酒瓶、金鱼缸、废弃的大矿泉水罐等容器，有金鱼、水藻、泥鳅、小虾、乌龟、田螺、蚯蚓、草本植物等生物，还有选用自来水、池塘水、塘泥等，学生们的制作个性突出，各具特色，效果非常好。我把他们的作品都拍照保留，上传到网上，让学生进行互评，最后教师参考给予最后评定，这极大地鼓舞了学生，增强了他们的自信心。通过在教学过程中对学生实施多元化的评定，学生学习的兴趣提高了，主动参与到学习中来，最大限度地体现了学生特长，使学生个性得到了发展、素质得到了提高。

二、鼓励学生思维多样化

创新教育是现代教育的基本特征，而突出教育活动的主体性，关注学生个性发展，又是创新教育的基本特征。创新能力的获得及学生个性的发展与平时思维的多方锻炼和主动探索是分不开的。为教者必须改变把学生当成"盛桃子的筐"，被动地接受教师摘下来的桃子（知识）的观念，要积极创设问题情境，"变教为诱"，鼓励学生积极思考，"变学为思"，让学生成为探究者，成为"摘桃人"，实现学生的主体地位，促进个性发展。

朱熹说过："读书无疑者，须教有疑，有疑者却无疑，到这里方是长进。"我在教学中注重挖掘知识内涵进行设疑，留给学生思考的空间、放飞学生的思维。例如，在引导学生解读"植物光合作用及呼吸作用"图解后，我给学生抛出以下问题：①你能比较出以上两种生理作用的异同点吗？②它们的实质和关系如何？③如何才能提高农作物总产量？④如果给你一个大棚种植农作物，你将怎么做？这些"阶梯式"的问题情境，打开了学生的思维闸门，学生立即进行激烈的讨论，对两种生理作用的比较很快达成了共识，而后针对两个问题学生的回答五花八门：有的说农作物增产要延长光照时间、加大光强度、增加CO_2量、松土、施肥，有的说可以轮作、密植、间种，还有的说要生物除虫、保护环境。关于大棚种植的问题，有个学生回答说："我要从低成本高效益想办法。"引起了全班同学的哄堂大笑，虽然他没能与生物学的知识直接联系上，但我还是投以了鼓励的目光，赞扬他有"经济头脑"。这一举动给了更多的学生以信心，并大胆提出了反疑"我在大棚内加入N_2或减少O_2量，能降低呼吸作用提高作物产量吗？"我让学生们讨论后共同解疑。教学中通过师生设疑、对比反疑、解疑结论的互动过程，使学生的思维得到发散，并向深处、广处发展。

为了培养学生应用知识的能力，我编选典型的题型：基础知识图表类、热点类、计算类等，在题目里设置各类"陷阱"，让学生思考、讨论、解答，鼓励学生使用不同思路、不同解法，让学生动起来、让思维活起来，使学生的思维得到多方锻炼，达到殊途同归的目的，从而提高学生思维、应变、分析、研究等能力，把学生的不同个性凸显出来，使个性得到发展。

三、提倡学生获得知识多向化

我国现代教育家陶行知说："与其把学生当天津鸭儿添入一些零碎知识，不如给他们几把锁匙，使他们可以自动去开发文化的金库和宇宙之宝藏。"孟子也早就提出了君子"自得"的论述："君子深造之以道，欲其自得之也。自得之，则居安之；居之安，则资之深；资之深，则取之左右逢其原。故君子欲其自得之也。"21世纪是信息化的时代，信息高速公路的建成，缩短了人与人之间、国与国之间的距离，给学生获得知识提供了更大空间和途径，也给教师提出了挑战。教师如固守原有的知识，不学习、不创新，是很难教出好学生的。我们在"会教"学生的同时，更要注重学生的"会学"。让学生从你手中获得的是比桃子更重要的"摘桃子的工具"，要鼓励学生多渠道获取知识，在"自得"的过程中把自己的个性特长挖掘出来、展现出来，从而促进个性的发展。

例如，我在教学中实施"生物论坛"值日生制度，课前由值日生收集与生物科学有关的知识，每节课前五分钟进行宣讲，并对其他同学提出的疑问进行必要的解释。这使每个学生必须学会从各种渠道（报刊、电视、网络等）收集相关资料。由于要应对其他同学的质疑，学生收集的资料势必要进行仔细的研究。收集、整理资料的过程就是一个自我学习的过程，在这一过程中，学生不断地使知识提升和内化，或在其中找出了新的问题，也使每个学生从中学会了如何学习，提高了自学和思维能力。上讲台的宣讲也锻炼了他们的胆量和表达能力，更使学生们共享了他人的劳动成果。

针对高考注重考查学生对社会热点的关注程度，我在高三生物第二轮复习时举行了"热点专题演讲比赛"，以小组为单位，收集有关生命科学的最新进展、生物与环境、人类发展与健康等相关信息，组织资料写成文章进行演讲比赛，学生非常踊跃，课余时间经常听到他们在争论。在比赛中，有的小组就"炭疽热生物恐怖事件"在演讲中介绍炭疽热引起的原因、传播途径、预防措施及炭疽杆菌如何繁殖等知识，还对制造生物武器的国家进行了抨击；有的小组在收集了人类基因组、转基因药物研制、基因芯片、人类遗传病例等资料后向我们描述了基因诊断和治疗疾病的前景及长寿秘诀。这些做法极大地调动了学生的学习积极性，给学生带来了展现自我的机会，获得成功的体验，更重要的是学生从中提高了自己的自学能力，张扬了个性，促使个性得到发展。

以上几个方面是我在教学中促进学生个性发展的几点体会，学生的个性发展不是一蹴而就的，仍需要我们把体现学生主体地位、发展学生个性的教育理念始终不渝地贯穿于教学中，尊重学生存在的个性差异，创新教学方法，促使学生个性充分自由的发展。

（发表在《中学生物教学》，2003年7月）

巧做生物探究实验，培养学生各项能力

生物学是立足于实验基础上的一门自然学科。生物学实验既是使学生经历科学的研究历程、领悟科学家的思想观念、科研方法的过程，也是使学生逐渐建立起科研意识，提升思维和创新能力的过程。《普通高中生物学课程标准（2017年版）》倡导学生自主、合作、探究的学习方式，注重培养学生创新精神和实践能力。高中生物新课标课程增加了大量实验，特别是添加了思维能力要求高的探究性实验；而在高考命题中则加大了对实验探究能力的考查，如2008年生物高考大纲对学生实验与探究能力要求规定："学生能独立完成课标要求的所有实验，理解实验目的、原理、方法，掌握操作技能，能对实验现象和结果进行解释、分析和处理，具有对一些生物学问题进行初步探究的能力，能对一些简单的实验方案做出恰当的评价和修订"，这无不体现了"提高学生能力，培养创新精神"的新课改精神。

在高中生物实验教学中，教师可根据不同实验内容，结合学生实际、地域特点，巧做探究实验，在实验探索的过程中，培养学生的批判创新、分析归纳等能力。

一、联系生活实际变通实验，在探究中培养学生的分析能力

生物学是一门与生产生活联系密切的学科。虽然学生对一些生产生活现象有很丰富的感性认识，但多数学生仅限于"是什么"的认识层次，而对于"为什么"了解不多，在教学中教师如果只对生物学原理"照本宣科"，学生也只能"纸上谈兵"。所以在生物教学中，教师要有意识地引导学生联系实际进行学习，鼓励学生"打破砂锅问到底"，使学生对生物学的学习能"知其然，更知其所以然"。

在高中生物教学，特别是实验教学中，教师可把教学目标定位为以解答生产生活疑问为出发点，大胆放手让学生从生活常识或经验中探究出其中的原理或本质，使学生有目标、兴趣高，在质疑、解疑中学得生动活泼，各种能力得到发展。

案例：在上《探究植物细胞吸水和失水》的实验课时，教师可让学生从生活常识中找例子，以小组为单位准备各种植物材料，在课堂上演示并观察这些植物材料放在一定浓度的盐水及清水中的变化情况？通过对比，探究原因。

由于实验要求小组间要进行对比，所以各小组在材料准备上要尽量不同。上课时，学生带来了杨桃、苹果、黄豆、黄瓜、萝卜、葱叶、菠菜、番茄、榕树叶等。学生遇到的第一个问题是如何将这些植物材料放在一定浓度的盐水及清水中。开始时他们准备直接放在盛盐水及清水的烧杯中，突然有同学提出了问题：没有对照组，不易观察，怎么办？这时他们想到了把果实切片的处理方法。种子和叶片体积小可直接放在盛盐水及清水的烧杯中。一段时间后，各小组派代表上讲台实物投影展示实验现象。通过各组演示，教师让学生评价各组实验的异同点。学生很快归纳出：放在盐水中的材料有皱缩现象，在清水中的材料变坚挺或体积变大了（黄豆），同时学生发现了不同材料，实验效果不同，如杨桃、苹果、萝卜、黄瓜片的皱缩（变软）现象明显，榕树叶、葱叶、番茄现象不明显。并进一步质疑：为何放在盐水中的植物材料有皱缩现象，而放在清水中的材料变坚挺？同为植物材料为什么有些现象明显，有些不明显？此时教师抓住时机引导学生：你们回忆一下植物细胞的化学组成成分，

想一想放在盐水中的植物材料发生皱缩很可能是什么成分流失？放在清水中的材料变坚挺又可能是什么成分进入植物细胞了？学生很快就想到了很可能是水分子进出细胞，教师进一步引导：水分子进出细胞的条件是什么？通过以上实验比较，哪种植物材料更适宜做实验？试说明理由。通过亲身体验、小组合作探究，学生学会提出问题，锻炼了思维，培养了分析归纳能力，此时学生再做"洋葱表皮细胞的质壁分离和复原实验"就理解得更到位了，对生活中腌制甜酸蔬果的原理也就一目了然了。

又如在上《绿叶中色素的提取和分离》实验课时，教师可先引导学生回忆植物叶片一年四季的变化情况，再思考变化原因，学生很容易想到春天的绿叶、秋天的黄叶。教师再让学生联系生活实际，尝试解释新鲜蔬菜的绿叶放置一两天后变黄，果实成熟时由绿变红或黄的原因是什么？由于问题来源于生活，学生的探究欲望强。通过讨论学生认为这些颜色变化是植物细胞内一些不同色素，在外界环境条件改变后发生分解或合成引起的。教师因势利导：我们通过绿叶中色素的提取和分离实验，来看看植物细胞内是否有不同色素？实验后，让学生分析实验结果：①分离出几条色素带？含量多少如何判断？②通过与其他小组的色素带对比，说明色带出现不同的原因？③根据实验原理，试解释新鲜蔬菜的绿叶放置变黄的原因？你能设计实验验证你的推断吗？

由于实验要解决的问题来自学生非常熟悉的生活现象，学生更加主动去探究、去求知，在探究过程中锻炼了他们提出问题、分析问题、解决问题的能力。实验效果比单一性的完成书本验证实验效果好得多。

二、挖掘实验内涵，在探究中培养学生思维能力

在中学实验中，有许多实验是验证性实验，从仪器装置到材料选用，实验指导书中都有详细的要求，学生如果只按书上的要求操作，再完成一次实验过程，这样培养出的就是墨守成规、无探索精神，无思维广度的学生。所以在教学中，教师要善于挖掘实验内涵，不仅要让学生学习实验的方法和过程，而且更重要的是通过实验提高学生多问思维的能力。

案例：在高中生物《物质跨膜运输的实例》一节的"渗透作用实验"中，教材中用玻璃纸作半透膜，水分子可自由通过进入含蔗糖液的漏斗，从而使漏斗液面上升。按课本的实验步骤，结果是明显的。但学生不能把实验观察、操

作与思维活动有机结合起来。在实验中，教师可进行层层设问来揭示本质："①能通过半透膜的是水分子还是蔗糖分子？为什么蔗糖分子不能通过半透膜？②水分子是双向还是单向透过半透膜？③要想完成渗透作用必须具备什么条件？④漏斗液面高度可否持续上升？为什么？"为了验证渗透作用是否一定必备两个条件，学生们分别选用了绵薄布和聚乙烯薄膜代替玻璃纸进行实验，从而做比较。有的学生在膜两侧的漏斗内均加入清水或同浓度的蔗糖溶液进行实验与原实验对照。通过探索，学生最后得出了发生渗透作用的必备条件：①半透膜；②膜两侧具有浓度差（摩尔浓度）。在此基础上，教师引导学生进一步对菊花被开水冲泡成黄色，而在凉水中浸泡无色做出了解释。

在实验中，只要教师善于挖掘实验内涵，诱导学生思维和探索，就能使学生在不断的探究中，培养多向思维的能力。

三、拓展实验内容，在探究中培养学生创新能力

高中生物新课标课程安排不但增多了实验数量，在实验形式上也发生了从"单一的验证性实验向探索性和验证性实验并举"的改变，这无不体现出了基础教育改革是要通过学生自主学习、动手、动脑的探究活动，培养学生的创新精神。

案例：新教材的高中实验"探索淀粉酶对淀粉和蔗糖水解的作用"就是由原来的"观察唾液淀粉酶对淀粉的消化作用"改进而来的。本实验的原理是淀粉和蔗糖等非还原糖在相应酶的催化作用下能分解成还原性糖。还原性糖能够与斐林试剂发生氧化还原反应，生成砖红色的氧化亚铜沉淀，根据这一特定显色反应，用淀粉酶分别催化水解淀粉和蔗糖，再用斐林试剂鉴定溶液中有无还原糖，从而判定淀粉酶的专一催化特性。根据这一实验原理，在课前教师可让学生思考：①能否根据这一实验原理自己选择材料，设计一简单的方法来验证酶的专一性。②每组同学进行相关实验的对比，找出异同和实验优缺点。在课堂上教师请学生小组反馈实验设计方案并实施实验。有几组学生设计出：用唾液淀粉酶分别对淀粉液和蔗糖液及蛋清进行催化反应，然后加入斐林试剂观察显色反应，从而判断酶的专一性。但同样的实验有些同学失败了，三支试管都无砖红色。此时教师不能包办，应该让他们思考并讨论失败的原因，让全班同学一起会诊，培养评价能力和批判意识。并进一步拓展实验内容：①根据实

验的结果总结成败原因。②每组同学设计一个"影响酶活性的条件"的实验方案。学生们根据这一要求，以小组为单位设计实验方案。有些是从温度的角度设计，有些是从pH的角度设计多组对照，进行全面比较。在此基础上有些同学还进一步探索不同酶的最适pH。总结得出：①酶对一种或一类物质具有催化作用（专一性）。②酶的催化效率受温度、pH、反应物浓度、酶的浓度等因素的影响。③不同种酶活性的最适宜温度和pH不同。④同一种酶在不同条件催化效率不同；等等。

以上实验内容的拓展不但挖掘了学生潜能，锻炼了学生思维，还培养了学生批判和创新的能力。

综上所述，在中学生物教学中实施探究性实验教学可以让教师在实验过程中发现学生某些方面的不足和特长，从而有针对性地培养学生的各种能力，而学生通过亲自动手实验的探究，不断发现问题，提出解决问题的方案，使学生的思维活起来，有利于学生对科学知识的理解和运用，有利于培养学生的开放思维、创新精神、实践能力和科学严谨的品质，促进学生的全面发展。

（发表在《广东教育》，2009年2月）

高三生物实验复习存在的问题和解决策略

生物学是以实验为基础的自然学科，实验是培养学生的科学思想、创新精神和综合能力的重要手段。生物高考大纲中明确提出考查学生的实验与探究能力，即能独立完成必修三个模块的19个及选修1的10个生物实验，要求学生理解实验目的、原理、方法和操作步骤，掌握相关的操作技能，并能将这些实验涉及的方法和技能进行综合运用；能对实验现象和结果进行解释、分析和处理；能运用科学研究方法对一些生物学问题进行初步探究；能对一些简单的实验方案做出恰当的评价和修订。从广东生物2011—2014的高考试题分析得出实验分值每年均占22~30分，且呈逐年增加的趋势，实验题不仅占分比例大，而且情境新颖、能力要求高，实验部分成了高考的重难点，更是学生的失分点。

在多年的生物高考备考中，发现学生、教师普遍感到吃力的就是高三实验复习，主要存在三方面问题：一是考纲要求考查的实验数目多（29个），复习时间紧，学生记忆模糊，易遗忘；二是选修1的实验许多技术要求高，实验难度大，步骤烦琐，很多学校无法开设，学生难以掌控；三是学生设计实验的能力欠缺，对新情境实验探究和分析感到困难。针对以上情况，在高三复习中，教师一定要加强学情和实验复习的研究，寻找有效的复习方法，提高学生实验与探究能力。

一、针对复习实验数目多，学生记忆模糊易遗忘的解决策略

从实验内容方面看，生物高考实验相关考点除考试说明中明确指出的29个实验外，还有课标中以探究生物学原理为主线的隐性实验、教材的生物科学史中的科学探究实验。面对如此之多的实验，教师应引导学生对实验知识进行重组，构建实验知识体系，引导学生掌握实验知识。

1. 自主进行实验归类，熟悉基础实验

对考纲要求的必修教材的19个基础实验进行分类复习，如分为物质检测鉴定类、观察类、探究实验类等。让学生对相似实验区分和辨析，找出异同，教师提出复习要点，学生尝试归纳总结（表1）。

表1　高中生物必修教材实验分类表

实验类型	实验内容	复习要点
利用显微镜进行显微观察的实验	①用显微镜观察多种多样的细胞； ②观察DNA和RNA在细胞中的分布； ③观察线粒体和叶绿体； ④观察植物细胞的质壁分离和复原； ⑤观察细胞的有丝分裂； ⑥观察细胞的减数分裂； ⑦低温诱导染色体加倍	①弄清显微镜成像原理及相关实验的操作技能； ②规范制片方法； ③根据观察的原理和对象选择实验材料和处理材料； ④根据细胞结构特点选择视野观察
物质的提取、分离和鉴别	①检测生物组织中的还原糖、脂肪和蛋白质； ②叶绿体色素的提取和分离； ③DNA的粗提取与鉴定	实验原理，选择特定的试剂，并注意试剂使用的特殊要求
模拟实验	①拟探究细胞表面积与体积的关系； ②通过模拟实验探究膜的透性； ③模拟尿糖的检测	理解模拟实验的模拟条件，掌握类比推理法

实验类型	实验内容	复习要点
探究性实验和设计实验	①探究酵母菌的呼吸方式； ②探究影响酶活性的因素； ③探究植物生长调节剂对扦插枝条生根的作用； ④探究培养液中酵母菌数量的动态变化	①实验开放性较强，对新情境的实验要从多角度思考，提出问题； ②遵循实验设计原则； ③要设计对照
实习和研究性学习	①检查常见的人类遗传病； ②探究水族箱（或鱼缸）中群落的演替	①实验开放性强，要主动提出探究性实验课题，设计方案； ②常使用统计法

2.任务驱动学生阅读教材，自我总结归纳

课本的基础实验是学生掌握基本实验技能及实验设计能力的基础，虽然学生在高一、高二基本已做过，但遗忘现象严重，如果只是让学生重做一遍或教师重讲一遍，教师似乎完成了一轮复习任务，但这种被动输入的知识信息，没有经学生的思维再加工，学生对实验知识的掌握不牢，导致对相关实验试题分析能力弱，得分率低。在教学中建议以任务驱动学生阅读教材，以不同方式完成实验过程的梳理。

（1）对照考纲阅读相关实验，用文字加箭头的形式（流程式）写出实验操作步骤，如"观察DNA、RNA在细胞中的分布"实验操作步骤（流程式）：取口腔上皮细胞制片→水解→冲洗涂片→染色→观察。

（2）分类阅读并列表比较每个实验的目的、原理、材料用具、注意事项、实验的现象及结论（表格式），如观察类实验归纳比较（表格式）（表2）。

表2 观察类实验归纳比较

高倍镜观察	取材	染色	细胞活性	观察现象
DNA、RNA的分布	口腔上皮细胞、洋葱内表皮细胞	吡罗红、甲基绿混合	死亡	细胞质染成红色、细胞核染成绿色
线粒体				
叶绿体				
植物细胞有丝分裂				
植物细胞质壁分离				

（3）完成相关实验试题，并进行错因分析（表格式）（表3）。教师要做好示范引导，让学生学会归纳总结，并及时检查评价。例如，某同学在做叶绿体中色素提取实验时，收集到的色素提取液是淡绿色的，分析原因可能是（　　）

① 研磨不充分，色素未能充分提取出来

② 丙酮加入太多，稀释了色素提取液

③ 丙酮加得太少，色素未提取出来

④ 未加$CaCO_3$粉末叶绿素分子已经被破坏

A.①②④　　　　　B.①③④　　　　　C.③④　　　　　D.①②

表3　错因分析表

错题题号	实验内容	书本页码	错误原因	纠正错误
	叶绿体色素的提取和分离	P26	错选B 对叶绿体色素的提取原理理解不清	正确A 提取液淡绿色的本质就是单位体积内叶绿素含量少。材料不绿、研磨不充分、提取液太多，色素被稀释，色素被破坏

学生只有亲自参与学习过程，带着问题去思考分析，通过自我总结归纳，才能够"知其然，更知其所以然"，学到的知识才牢固难忘。

3. 重做部分重要实验，通过变式突破难点

学生通过亲自做实验更能发挥多感官学习的优势，通过动手做、动脑思可强化记忆和加深理解，在"做中学"才能达到最佳学习效果。可是高三复习时间紧、内容多，将高中所有实验全做一遍不太可能。教师可整合和选取部分经典实验重做和拓展分析。例如，用洋葱内表皮细胞"观察DNA、RNA在细胞中的分布"，用洋葱外表皮细胞"观察植物细胞的质壁分离与复原"，将两个实验整合，既节省课时和实验材料，又有利于对比分析。在做"观察植物细胞的质壁分离与复原实验"时，教师不能以"抄冷饭"的形式简单重复一遍，可将验证实验改为探究实验，如将蔗糖溶液设为贴错标准10%、30%、50%三种浓度，让学生通过实验进行分辨，这一改变可激起学生的探究欲望，促使他们认真思考后设计实验并做好记录分析，鼓励学生运用现代信息手段，用手机把实验现象拍摄下来进行对比分析，得出结论。课后收集各小组的图片，组织学生评比和讨论，学生热情很高，效果很好。

老师还可进一步改编试题让学生做，以检查学生的掌握情况，如【变式训练】考查学生改变实验材料（藓类小叶）后的理解和分析能力。

按下面步骤进行质壁分离实验：

步骤一：在洁净的载玻片中央加一滴清水，取一片藓类小叶，盖上盖玻片。

步骤二：从盖玻片一侧滴入0.3g/mL的蔗糖溶液，在盖玻片的另一侧用吸水纸吸引。这样重复几次，使盖玻片下面的藓类小叶浸润在0.3g/mL的蔗糖溶液中。

步骤三：在显微镜下观察，结果如图1所示。

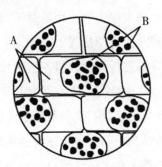

图1　藓类小叶质壁分离显微图

①图中A、B处的颜色分别是_____。

②如果上述实验步骤二中从盖玻片的一侧滴入的是加有伊红（植物细胞不吸收的红色染料）的0.3g/mL的蔗糖溶液，则在显微镜下观察到A、B处颜色分别是_____。

③如果将步骤二中浸润在0.3g/mL的蔗糖溶液中的藓类小叶的装片，放在80℃条件下处理一段时间（装片中的藓类小叶保持在0.3g/mL的蔗糖溶液中）。在显微镜下清晰地观察到细胞结构后，为更准确地判断A处颜色，对显微镜的操作方法是_____、_____。如果A处呈绿色，可能的原因是_____。

学生通过深入探究实验，才能真正理解实验的原理和步骤方法，才能举一反三灵活运用。

二、针对选修1的实验技术要求高，难以开设的解决策略

选修1《生物实验技术》在考纲中要求考查的有10个实验，有些实验时间耗时长（微生物发酵），有些技术要求高（PCR技术和蛋白质的提取与分离），

很多学校根本无法开设，如何解决？

1. 侧重与生产生活联系密切的实验进行复习，技术要求高的实验不宜挖深

根据对近4年广东高考试题的分析不难发现，选修部分的考查内容主要是与必修内容相关的知识以及与生产生活关系密切的内容，而对技术要求高的实验（如血红蛋白的提取与分离、PCR扩增技术）的考查主要是基本原理及方法，所以复习时不宜挖得太深，否则学生会越发糊涂。而对生产生活联系密切的实验则要加强复习，对传统的微生物发酵技术可让学生回家完成，如"果酒制作"实验以小组为单位，教师发给每个小组等量干酵母周末回家做，学生可选择不同水果酿制果酒，带回学校定期排气，7~10天后由各小组学生代表组成评审团，通过眼观、口尝、鼻嗅进行评价，将各组图片及评比结果上传到班级电脑，让全体学生参加评论，从中掌握微生物发酵的实验原理、注意事项，这样做能很好地培养学生的动手能力，提高实验技能及实验修正和评价能力。

2. 节选实验视频帮助学生对一些技术要求高的实验进行理解

选修1教材中，PCR扩增技术和血红蛋白的提取和分离这类实验技术要求高，普通高中无法开设，教师可节选实验视频来帮助学生对实验进行理解，并用类比学习法让学生将PCR技术与DNA复制进行列表对比，加深学生对原理的理解，将血红蛋白的提取和分离实验与DNA提取和分离实验进行对比，找出大分子物质的存在部位，理解用释放或溶解的方法提取大分子物质，理解根据分子大小、带电性质不同进行电泳分离的原理。

三、针对学生对新情境实验设计题探究和分析能力欠缺的解决策略

高考生物设计类实验，多以高校最新研究的热点实验或与生产生活相关的事实为情境命制高考试题，试题情境虽然不完全来自教材，但主要考查的是学生的生物科学素养和科学研究能力，具体多以实验设计的思路及方法、变量的分析与应用、实验的分析及问题的解决为考查切入点，这是生物实验复习中教与学的难点，教师应想方设法帮助学生提高实验能力。

1. 挖掘教材实验，掌握实验方法

挖掘教材中的经典实验，阐明科学实验原理和方法，如分析细胞学说建立的过程，可让学生掌握模型的建立、差速离心法和观察法；在回顾光合作用

的探究历程时让学生掌握同位素标记法和掌握对比实验的方法；总结人类对遗传物质的探究过程时让学生掌握类比推理法、同位素标记法和模型的建立；分析孟德尔遗传实验，可让学生掌握假说—演绎法；概述植物生长素的发现和作用，可让学生掌握对比实验的方法。分析经典科学实验方法要注意分析具体实验方法的几个点，如分析孟德尔遗传实验的假说—演绎法，可以从以下一条线的四个点展开：杂交的实验现象→孟德尔的假设→孟德尔设计检验方法→孟德尔总结的结论，使学生能够真正获得其中的科学实验原理和方法，并能应用到解题当中。

2. 总结实验设计方法，指导学生分析实验

根据试题的分析，总结实验设计的程序：观察现象—提出问题—做出假设—设计实验（步骤）—预期并论证实验结果。指导学生把握实验设计的关键环节：一是设置对照实验，排除干扰；二是运用单一变量原则，明确实验变量的确定和控制；三是恰当地选择实验材料和手段；四是显性化实验现象，学会用坐标图或表格记录实验结果。简单说来，实验设计的规则就是"找目的、设对照、重条件、得结论"。例如，可用教材典型实例"比较过氧化氢在不同条件下的分解速率"，引导学生理解实验设计的程序、遵循的原则和变量的控制。

3. 精选试题演练，提高迁移应用能力

研究高考题、精选模拟题让学生练习和点评，有利于实验能力的培养。例如，2013佛山一模29题（16分）为研究水杨酸（SA）对水稻幼苗抗寒能力的影响，研究者用0.5mmol / L的SA喷洒水稻幼苗叶片，同时设置对照实验，低温处理1天后测定有关数据（表4）。请回答：

表4　水杨酸（SA）对水稻幼苗抗寒能力的影响实验数据

组别	总叶绿素含量（mg/g）	胞间CO_2含量（umol/mol）	净光合速率umol $[(CO_2)/(m^2 \cdot s)]$
对照组	1.710	408.890	1.540
实验组	2.120	288.670	2.690

（1）本实验中对照组的处理是_____。在测定各项生理指标时，每个处理均需设_____实验，取平均值，以提高实验数据的可信度。

（2）叶绿体的类囊体膜分布有_____，SA在低温条件下能保护光合器官，提高光合速率。据表中数据分析：①_____，有利于光反应进行；②实验组CO_2的吸收量比对照组_____，有利于_____。

（3）为进一步研究SA在低温条件下增强水稻幼苗光合性能的最适浓度，请简述实验设计思路。

此题命题素材选自2012年3月《湖北农业科学》的论文"低温下外源水杨酸对水稻幼苗光合作用的影响"，试题以光合作用为切入点，模仿广东高考试题，考查学生的实验设计和分析能力。通过此题可了解学生对新情境试题作答存在哪些主要问题，通过投影学生的答卷让学生评分和评价，这样做不仅能暴露学生的思维缺陷，有针对性地指导学生解题方法，更利于学生分析能力的培养。

以上从三个方面阐述了高考生物进行有效实验复习的策略，当然在教学中是"教有方法，而无定法"，只要教师在教学中加强研究，得法复习，定能提高实验复习的效率，提高学生的科学素养和实验能力。

（发表在《中学生物学》，2014年11月）

高三生物二轮复习学生自主学习能力提升策略

很多学生进入高三后，由于各科复习任务的加重、作业量的增多，学生出现了"等老师讲解、靠老师归纳、要老师反思"的"等、靠、要"被动学习状态，学生不愿也不会系统整合五本教材的相关知识（必修3本、选修2本），很少有对问题的深入探讨和生成。而从当前高三生物课堂复习现状来看，"教师滔滔讲，学生默默听"是常态，许多教师课堂上普遍讲得多，学生缺少参与及自主学习，教师的"学生意识"没有真正落实到行动上来，使学生对教师讲过的内容记不住或死记硬背，造成"一听就懂，一看就会，一做就错"的低效学习结果。学生缺乏自主学习的意识和行为，思维能力是难以提高的。下面就谈谈解决这些问题的做法。

一、牵手学生，教会方法以提高学生思维能力

1. 指导学生做章节归纳

学生归纳的常见误区：

（1）不愿做归纳，觉得耗费时间且不能直接见效。

（2）不会做归纳，将归纳变成了"抄写"，如将笔记再抄一遍、抄书上的各级标题、抄辅导书前的知识小结。

（3）归纳要求高，细枝末叶均不放过，耗费时间多，最终由于无方法造成效率低，学生很难坚持。

由于高中生物教材知识点分散，概念图解记忆要求高，学生不会归纳很难提高复习效率，所以教师要说明归纳在生物复习中的重要性，教会学生做归纳的方法，让总结归纳逐渐成为一种习惯。我的做法是：

（1）在课堂上，领着学生一起逐步构建知识网络，说明知识间的内在联系。

（2）拍下学生的归纳作业，在课堂上展示及点评。

（3）让学生离开一切书本，整理脑海中储存的知识；选出核心词，先把记得的主要知识写下来，再梳理它们的关系，重要的是思维的构建过程。

（4）可以以线索式或发散式呈现知识内容。

（5）对同一内容，一轮复习侧重知识点、线的归纳，二轮更侧重综合性的知识网络归纳。

2. 教会学生做错题集

高三备考过程中，大大小小的考试很多，但总有老师抱怨"这道题讲过N遍，学生再考还一错再错"。为什么会出现这样的问题呢？通过研究发现很大原因是老师事事包办，如老师加班加点批好卷、认真进行答题情况分析、讲评课从头讲到底、反复强调哪错了下次要注意，等等。这样包办的结果是学生养成了被动接受的习惯，没有对自己存在的问题认真总结反思，没有经过大脑的深度加工，当然就记不住了。所以老师要教学生学会对错题分析和整理，如把错题抄在本子上（也可节选错误点摘录或剪下试题粘贴起来），在该题下方完成三步总结（错因分析、正确解释、知识点复述），教师要加强检查与反馈以调动学生的学习积极性。有了学生课前的错题反思，教师的讲评课则以扫除薄

弱点，查漏补缺，完善知识结构为主，这样讲评的针对性更强，有利于培养学生分析问题的意识，提高应对试题新情境景的能力。

3. 示范解题的思维路径

二轮复习后，学生的主要问题是知识点遗漏和遗忘、综合运用能力欠缺、解题不规范、语言组织能力不强、答题的速度不高等。由于二轮复习时间有限，老师详析考点的原则是对例题和习题的选择讲究"少而精"，学生不易理解的重难点内容可增加变式训练从而强化，如指导学生做非选择题的"4步答题法"：

（1）审题，提取信息。读字、句找关键词，感知显性情况、条件，挖掘隐蔽条件（可将关键词句圈出，弄明白问什么）。

（2）知识定位。知识定位就是圈定知识范围，从而确定思考的范围和途径，避免盲目思考，无头无绪，一筹莫展。

（3）联系搭桥。联系搭桥即在已知和未知之间搭桥。围绕已知和未知进行多方位的思考，找出相互联系的知识。

（4）组织答案。要求切题正确，回答到位，答案全面，用词科学。教师可在黑板上用文字和箭头一步步演示解题的思维路径，让学生由模仿到形成习惯，如此反复练习，学生答题会准确而快速。

二、放手学生，创造机会以展示学生做法想法

二轮复习后期很多老师常常感叹："通过强化训练和解题技巧指导，学生的解题技巧及文字表达能力有所提高，但又常常因书本中的基础知识遗忘而丢分。怎么办？"我认为：后期的复习更应多放手给学生，在课堂教学中凡是学生能做到的，老师就不要"代劳"；凡是学生能自己说的，教师就不要说出来。只有这样，学生才具备学习责任，自己亲身参与的学习才更牢靠，相互学习的欲望才更强。在课堂上教师要为学生创造一切机会，让他们充分展示自我、发挥自我，使他们真正成为学习的主人。教师要真正做到敢于放手，还学生施展自我的时间和空间。

1. 放手让科代表出课前小测题，检测重点知识掌握情况

常言道："天助自助者。"没有什么人比自己更能帮助自己了。对于基础知识遗忘的问题，教师可指导学生按考纲的考点有效阅读教材：

（1）阅读章节的前言和小结（前言部分阐明单元课题目标和重点、小结概述了单元知识的关键、前言和小结中蕴含着相关知识的联系）。

（2）熟读单元课题的三类知识（描述生物事件的术语；熟悉经典实验及其研究的方法；表述概念要素、原理要点、理论观点的主题词、短语及黑体字）。

（3）重点解读必修教材的图解，关注经典实验。为了检验学生的读书情况，每次课前5分钟可由科代表自主在黑板上出1~2道基础问答题，全体学生在作业本上作答后再看书订正，让学生自主参与到基础知识的滚动复习中来。

2. 放手让学生上台进行试题讲评，展示学生做题思路

后期复习考试密集、讲评频繁，学生对老师的讲评课会出现疲惫麻木。我的策略是轮流请学生小组代表上台讲评分析试题。可以是讲一道题，也可以是将一节课的整份试卷交给学生，当然要在前一天就做好安排，这样针对性会强很多，效率也高。放手让学生讲评会让老师有意想不到的惊喜，有些题的解题方法更简便，思维贴近同龄人，学生更易接受，由于学生全程参与，精神集中，问题碰撞产生更多思维火花，学生能力提高更快。

3. 放手让学生自行提问解答，培养问题意识

复习过程学生的问题会很多，有时在课堂上天马行空提出很多问题，很多老师认为回答很费时，影响教学进度，部分学生也认为耽误他们听课；又或者有些学生干脆对老师的提问毫无反应，老师很难估摸他们掌握知识的情况。我认为完全被学生的问题牵制或学生不提问题都不合适，解决的办法有：首先是鼓励学生提问题，特别是有助于打开大家思维的问题在课堂上一定要给予时间探讨；其次是对学生有兴趣的生物学相关知识整理一本"问题本"，要求每个学生之间相互提问和解答，加强检查与跟进。如可以将"问题本"交由科代表管理，教师定期检查反馈，要求按学号顺序每天一名学生提一个问题（可以是自己感谢兴趣的问题，也可以是课堂上有些同学提出的问题），每天由一名同学回答并签名确认。他们提的问题有："叶绿体、线粒体中的DNA可转录出RNA吗？""筛管细胞能否进行组织培养？""蟑螂的触毛有什么用？全部都会飞吗？""为什么生物有'代偿'，它是否由基因控制的呢？""为什么人快睡着觉时会'动'一下？"等，学生的这些问题很有趣，他们在相互应答中学会了自己查资料、学会提问题、学会严谨作答，更培养了终身学习的能力。

总之，教学是有艺术的。"教是为了不需要教"，从"需要教"到"不需要教"，这里有一个逐步放手的过程。无论是新授课还是高考备考复习课的教学，教师要善于"牵"学生的手教会学生思考，要敢于"放"学生的手给学生展示想法，让他们通过自己的观察、实践、独立思考与集体讨论，去求得知识，获得发展自主学习的能力。要相信学生有能力学习，给平台创机会让学生展示，你就会发现学生也是一个发现者、探索者、创造者。

（发表在《中学生物学》，2016年4月）

高中生物（必修本）几个实验教学的改革

《中学生物学教学大纲》指出：生物学是以实验为基础的自然学科。实验教学不仅可以帮助学生形成概念、验证原理，理解和巩固所学知识，培养学生观察现象、分析问题、解决问题的能力，还可以培养学生实事求是的科学态度和探究问题的科学方法，这是生物学实验的指导思想和目的。

在实验教学中，常发现有些学生不能独立正确使用显微镜，制作临时装片不规范，操作能力差。如何改变现状，让学生更好地掌握实验技能呢？下面谈谈我对几个实验教学的一些改进意见。

一、用CAI手段弥补传统实验教学的不足

传统实验课一般的程序：板书实验的目的和要求、所用材料及方法步骤，讲述实验中可能出现的问题→学生分组实验、自由操作→教师巡回指导，解答学生提问→评讲小结。这一传统的讲授方式不足的地方有：口头说教多，示范少，具体做法不详，分组后由于学生人数多，教师巡回可能忽略个别学生的错误，一些学生也会因看不清教师的操作或由于注意力不集中，在操作过程中出现一些不规范的操作，如盖玻片没有倾斜45度角，显微镜操作时先用高倍镜，还有些学生不清楚通过显微镜观察的对象是什么？常会把气泡或里面的脏物误认为是细胞等。用CAI（计算辅助教学）手段进行实验教学可解决上述问题。例如，质壁分离及复原的实验，为了让学生能准确地制作临时装片，可以利用

实物视频演示仪进行演示，由教师把制作临时装片规范的全过程一步步边操作边讲解，使学生清楚地看到屏幕上放大的操作画面，弄清如何才能把洋葱表皮撕得薄，怎样盖盖玻片不易产生气泡。为了检验学生的掌握程度，教师还可以请学生上台操作，由学生指出操作的错误之处，效果会更好。对于显微镜中要观察的内容，学生弄不清质壁分离指的是细胞的哪部分分离、是如何变化的？教师可把细胞质壁分离的过程制作成课件，用不同颜色把细胞壁、细胞膜、细胞质、液泡区分开来，把放在不同溶液中细胞的变化过程制成动画效果，随着液泡大小和颜色变化而观察到原生质层和细胞壁的变化。这样就使生物的微观世界宏观化，让学生能清楚看到变化的结构及结果。然后进行显微镜观察时，学生对所要观察的对象就心中有数了。

有些实验时间较长，课堂内不能完成，教师口头给学生讲解准备实验的过程，学生印象又不深，CAI手段可把时间化长为短。例如，渗透现象这一实验，从准备实验到结束需两小时，这不可能在课堂上完成。为了解决这一问题，教师可把它拍成5分钟的录像，把水分子进出漏斗时的情形制作成课件，使学生能通过录像真实地看到发生的渗透现象，又能对课件中水分子的运动行为有清楚的认识，从而使学生加深对渗透吸水原理和条件的理解。

观察植物细胞有丝分裂这一实验是高二实验的难点：一是在显微镜下较难观察到分裂期细胞；二是较难与课本上各期的插图对应起来。如果教师巡视逐个指导，不但时间不允许，也很难向学生讲清显微镜里某个时期细胞的准确位置，利用CAI手段，把实物投影仪的摄像头与显微镜的目镜相连接（注意吻合），有条件的学校可用显微投影仪，这样就可以把显微镜里细胞情况放大投影到大屏幕上，通过移动装片选择所要观察的细胞，可在屏幕上准确地指出某个时期的细胞，说明其形态和特点，便于学生观察。

二、改进实验材料和装置，加强实验效果

1. "叶绿体中色素的提取和分离"实验的改进

（1）选材：原则上是叶色深、肉质叶为好，可选用叶色深的菠菜叶。由于每年4—5月间进行会考实验考查，市场上难寻菠菜，可改用白花菜代替，效果较生菜好。

（2）提取色素：$CaCO_3$、SiO_2用量不超过1g，避免放多滤液使其混浊，丙

酮改为5~8ml，避免2ml干燥而得不到滤液或过多使滤液太稀。

（3）划滤液细线：用盖玻片代替毛细玻璃管，毛细玻璃管中的滤液流出不连续，会导致划线中断或不匀，用盖玻片边缘蘸取滤液直接划线（垂直印下），则色素含量高，滤液线细而匀，分离出的色带颜色深、效果好。

2. 渗透作用演示实验的改进

（1）半透膜的选择：玻璃纸较鸡蛋衣、鸡嗉囊、动物膀胱为好。原因：一是玻璃纸较生物材料薄，水的扩散速度较快；二是玻璃纸不具生物材料粘、软、滑的特点，容易捆扎密封。

（2）大烧杯中的清水改为温水，加速水分子的运动速度，缩短实验时间（5~10分钟内水柱可上升约5cm）。

（3）把验证性实验改为探索性对比实验。

①在原装置不变的基础上，把半透膜（玻璃纸）换成塑料薄膜（图1）。

②使用原装置，烧杯内盛清水，长颈漏斗内为蔗糖溶液（图2）。

③烧杯、长颈漏斗内均盛清水，保留半透膜（图3）。

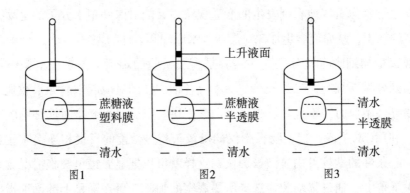

根据学生特点对一些实验进行改革，可提高学生的实验和操作技能，切实落实"双基"教学，培养学生的科学素养和严谨、细致的工作作风，以及勇于创新的科学精神，符合新时代对新型人才培养的要求。

（发表在《佛山教研》，2000年11月）

图表比较法在《水分代谢》一节的运用

广东省从1999年恢复生物高考以来，在着重抓基础的前提下，越来越注重对学生的能力考查，2003年的高考考试说明对学生的能力要求有一条"正确理解、分析生物学中以图表、图解等表达的内容和意义，并能用图表等多种表达形式准确地描述生物学现象和实验结果"，这一能力要求与2002年"能理解生物学中常用图、表等表达的意义，会用多种表达形式准确地描述一些生物学现象"相比，在对图表分析能力方面，无论深度还是广度都有了较高要求。在2001、2002年全国统一高考（广东、河南、广西）生物考卷42道考题中，分别有11和13道图表题，要求学生能从给出的图表中提取相关信息进行解题，但有不少学生由于读不清图意而答非所问，以致不能很好地把所学的知识加以运用，成为高考中的主要失分点。这就要求教师在平时的教学中注重加强学生识图能力的培养。

生物课本中有大量的图表，它们以形象、直观的形式来描述生物学的基础知识，把抽象的问题直观化、复杂的问题简明化，有着文字说明无法替代的优点。在教学过程中，深入挖掘图表的内涵和外延，将有助于学生对书本知识的理解，通过图、文、表的对照能促进学生形象思维能力的提高。通过列表对生物学知识进行概括和比较，能培养学生分析概括的综合能力。以下是我在高中生物《水分代谢》一节运用图表比较法教学的做法和体会。

一、读图解疑，探索知识

农谚说："有收无收在于水，收多收少在于肥"，说明水对植物的重要性，但一株高大的植物是通过何种方式从土壤中吸收水分？又是如何把水分运到高高的树梢的呢？通过谚语引入并设疑激起学生的学习兴趣，调动学生的故有知识，归纳出植物的吸水器官是根，根尖是主要的吸水部位。为了让学生明白根尖细胞是如何吸水的，可投影根尖纵切面结构图，让学生比较分生区与成熟区细胞的不同特点，联系结构的功能相统一的原则，推出两部分细胞不同的吸水方式，即未形成大液泡之前的分生区细胞以吸胀方式吸水，形成大液泡之后的成熟区细胞靠渗透作用吸水。至此，学生会出现疑问"为何不同的细胞结构有不同的吸水方式？它们又是如何吸水的呢？"他们的学习过程进入了求知的状态，我不急于给学生答案，而是引导他们联系细胞的化学组成来找出解释。并通过黄豆与小麦干种子的吸水实验，让学生通过观察比较，思考它们以何种方式吸水？看哪个的亲水力大？从而拓展了课本知识，并培养了学生探究精神和思维能力。此实验种子吸水需要较长时间，可预先做好实验通过数码摄影做成课件或实物投影，使学生直观而清晰地进行对比，进而得出结论：吸胀吸水靠亲水物质吸水，不同细胞亲水性物质的种类及含量多少决定它的亲水力大小，如图1、图2所示。

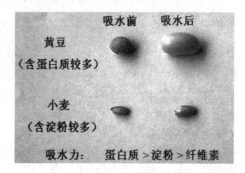

图1　黄豆与小麦干种子　　　　　图2　黄豆与小麦吸水前后对比

二、"活"化插图，突出重点

渗透吸水是本节课的重点，仅应用挂图讲解，学生是难以理解发生渗透作用时水分子的运动行为的。可通过制作渗透作用动态变化的多媒体课件"活"化插图，把半透膜及水分子通过的动态过程局部放大，并与渗透装置漏斗内液面的动态变化统一起来（图3），同步动画演示，指导学生通过对半透膜局部与渗透装置整体变化过程进行对比观察，变抽象为具体，使学生清楚地感知整个渗透过程水分子的运动情况，加深对渗透作用的理解，从而掌握重点知识。为了挖掘学生的潜能，培养学生的分析归纳和设计实验的能力，还需进一步的设疑：①漏斗内液面为什么会上升？能否持续不断上升？液面变化的直接原因是什么？②漏斗内蔗糖分子是否会出来？为什么？③如果把装置中的半透膜换成全透性的膜（薄布），或无透性的（聚乙烯塑料膜）；漏斗液面变化情况如何？④把半透膜两侧均换为清水或蔗糖溶液，结果又会如何？通过层层质疑，激起学生的好奇心和探究欲望，在教师引导及点拨下，使学生对感知材料再认识和思考，通过学生自主互动的讨论，进一步理清思路，形成渗透作用的概念，推理出渗透作用的原理和条件（①具有半透膜；②半透膜的两侧具有浓度差），从而培养了学生观察、思维、分析概括的能力。

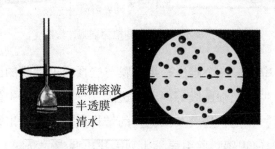

图3　半透膜的渗透吸水作用

三、图表对比、突破难点

在学习植物细胞渗透吸水的原理时，首先了解成熟的植物细胞是一个渗透系统，这是本节课的一个难点，接着学生如能明白成熟植物细胞是渗透系统，对植物细胞的渗透吸水就不难理解了。为了解决这一难点，可通过展示一个成熟植物细胞图，由学生思考细胞壁、细胞膜、液泡膜有什么功能特性？细胞液的成分是什么？把这个细胞分别放在清水和高浓度的溶液中会出现什么现象？通过设疑促进学生知识迁移，并采用识图类比的方法，把渗透作用示意图与成熟植物细胞图同时投影出来，并把两者相应的结构一一对应起来（图4），借助图形对比促使学生理解成熟植物细胞是个渗透系统，从而突破难点；通过计算机模拟"植物细胞的质壁分离和复原实验"的动画变化过程，使学生清晰地观察到细胞内液泡和原生质层的变化，验证理论的推断结果，让学生形成一个完整的思维过程。

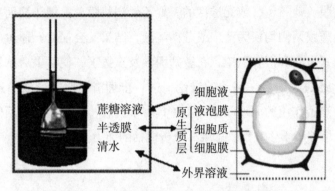

图4　渗透作用装置和植物细胞比较图

本节课教学中的另一个难点是半透膜与选择透过性膜的区别。根据以往的教学经验，学生易把细胞膜等同于半透膜，这也是高考中的易失分点。为了解决这一难点，可把半透膜及细胞膜的结构图同时投影出来进行比较（图5），指导学生如何识图，并引导学生列表找出两者的异同点（表1）。通过图表类比，既加强了直观性，突破了难点，又利于培养学生识图比较及归纳能力。

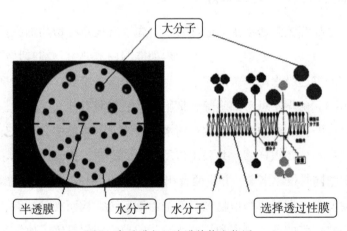

图5　半透膜与细胞膜结构比较图

表1 半透膜及细胞膜比较表

不同 膜的对比		半透膜	细胞膜
相同		水分子自由通过，大分子物质不能通过	
不同	透过物质	小分子物质	选择吸收的离子、小分子物质
	结构	多孔性薄膜	选择透过性膜，失活后变为全透性膜
实例		如：膀胱膜、肠衣、玻璃纸等	细胞膜等

四、化题为图，掌握精髓

为了检测学生对本节课知识的掌握程度，帮助学生巩固强化所学知识，可编制一些不同难度层次的图解题（图6），使学生能运用教师指导的识图方法进行解题，真正达到完成图表教学的目的，使学生提高能力，掌握知识精髓。例如：

题1：向猪膀胱注入一半浓度为30%的蔗糖溶液，扎紧入口，然后将其浸入浓度为5%的蔗糖溶液中，每隔半小时称一次重量，下列坐标图像中能正确表示测定结果的细胞是：

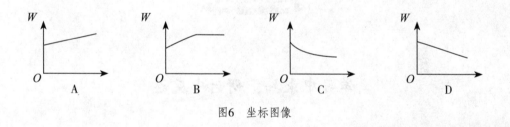

图6 坐标图像

五、主线归纳，形成体系

在对本课知识进行小结时，采用主线图进行归纳，可把各知识点按层次关系连成线，形成"知识链"（图7），为学生理清线索，使知识更具连贯性和系统性，让学生把"厚"书读"薄"；在应用时，则由面到点，在每个环节上进行衍射，扩大成"知识网"，把"薄"书用"厚"，这样链、网交织，既抓住了主线，又容易形成知识体系，培养学生的归纳及发散思维的能力。

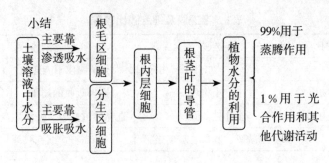

图7　知识点 链接图

通过图表比较法进行教学，学生的读图能力、分析概括能力都有了明显提高，学生不但把知识学得透彻，更重要的是从中学会了识析图表、类比归纳的方法，达到了让学生"鱼、渔"兼得的目的。

（获2002年生物论文评比省二等奖）

学习中求知，研讨中反思

2013年11月3—13日，我由广东省教育厅选派参加"国培计划（2013）"——示范性集中培训项目在南京师范大学的培训学习，"国培计划"高中生物班学员有来自全国31个省、自治区、直辖市的优秀生物教师及教研员共46人，我省有3位生物教师参加了培训。培训期间我认真学习、积极研讨，聆听了全国知名教授及江苏省知名教职员的15场专题讲座，到2所重点高中听课研讨。在此次培训中我抓住难得的学习机会与专家教授进行教学教改的探讨，也对课堂教学及培训方式提出了建议。此次培训收获颇丰。

一、学习了实用的培训方式

这次的国培主题是技能培训。在听各位专家的讲座时，我不仅认真听取了他们的观点，对照自己的教学实践进行了反思，还有意识地比较他们的授课方式。有的专家亲和大方，有的专家见解独到、幽默风趣、敢说实话、有的专家所举案例丰富、侃侃而谈。总而言之，相比以往纯理论的、把简单概念复杂化的、越听不懂水平越高的讲座，他们的讲座更接地气。我想这也正是理论与实践并存、专业性与操作性兼顾的培训理念的极好体现。

以北京师范大学刘恩山教授的讲座为例，他的讲座内容顺序为呈现主题—推荐相关书目—导言—课改背景—如何传递重要概念（视频、活动、案例分析）—总结。整个讲座主线清晰，重点突出，注重与学员互动交流，内容既有理论性又有操作性，实用性和针对性也很强，并穿插思考互动活动，在任务驱动下学员们全程专注参与其中。刘教授的授课方式给我们的教学带来了启示，即在教学中，从事实知识入手，尽量给予学生丰富的事实知识（创设情境），帮助学生形成和掌握概念（知识和原理）。在此过程中，教师要充分调动学生参与教学的积极性，给予学生交流和表达的机会，放手让学生探究，牵手学生归纳总结落实知识。

二、对一节"同课异构课"的思考

11月6日，我被南京师范大学推荐，与北京日坛中学王庆红老师、南京13中高婷婷老师一同上了高一年级同课异构交流课《影响酶促反应速率的因素》。

课前遇到两个棘手的问题：一是两地教材不一样，是"教教材"还是"用教材"？二是录播室内学生动手实验不能开展，怎么让学生探究？

经过仔细斟酌，我大胆抛弃两本教材，以学生"如何学、如何探究得新知"为核心，重新设计教学内容。此节课我充分考虑了高一学生的认知特点，首先从生活中的现象（加酶洗衣粉的使用）入手，采用问题导学和任务驱动的方法，引导学生从已有的化学和生活知识入手，合作完成实验设计方案，由小组代表进行展示，其他学生进行提问、评价、纠错，一同完善设计方案，并探究出影响酶促反应速率的因素。

课堂上展示了我一贯的教学风格"以情激情、幽默风趣、循循善诱地引导学生动眼看、动手写、动耳听、动脑思、动口议"，通过五官并用，学生沿着我设计的问题去思考，在探究学习中又生成了更多的问题。我利用这些问题作为本节课的课程资源，适时引导、及时鼓励学生，在民主的师生互动、生生互动中，学生专注于探究学习的快乐之中，探究的问题如抽丝剥茧般越来越明了。当学生在相互的思维碰撞中终于找到了方法，得出了结论后，他们由衷感受到了破茧化蝶的喜悦。

这节课受到听课的100多位南京市及全国优秀高中生物教师的一致好评。也让我对不同教材的异地上课进行了反思。

1. 是"教教材"还是"用教材教"

这次的课南京用的是苏教版的教材，我们用的是人教版的教材，在内容和编排上都有不同，但关于酶和酶促反应的核心内容是一致的。我们的设计不应拘泥于学生现有的教材，而应更开放地设计教学，没有教材知识的约束，更考验教师的教学智慧，也更能让学生产生智慧。教师只有深入了解课标、钻出教材，才能设计出适合学生的教学设计，学生沿着教师设计的问题去思考，则会在探究学习中生成更多的问题。这些问题都可作为课程资源用于教学中，而且学生参与了、投入了，探究的问题就会如同经过抽丝剥茧般越来越明了。

"教教材"与"用教材教"的区别对待是针对教学目标而言的，是把教学目标单一地定位于"知识"上，还是兼顾教学的三维目标，把三维目标有机地结合起来进行教学。"用教材教"是一种以学生发展为本的"人本教学"，在这里，教材是"范本"，是"素材"，相对于"教教材"来说，教师具有了更多的主体性，具体的教学内容需要教师根据学生的特点、学生的基础和学生的需求进行选择、改造甚至创新。教师对待教材要"入乎其内，出乎其外"。作为课程开发主体的教师，不仅要"用教材教"，而且其自身也是课程的一部分。当课程从具体的教材形态走向经验和过程时，教师的经验和知识、与学生的对话和交往、对教学过程的调控等，都是重要的课程内容。

这次在南京的异地教学，我大胆抛弃教材，根据核心知识来重新设计教学内容，让学生真正体会了探究学习的过程和乐趣，使结论的获得水到渠成，收到了很好的教学效果。这次教学经历也让我真正感受到了"用教材教"是一个不错的并要坚持的教学方式。

2. 是"讲实验"还是"做实验"

很多学校的高中生物课时不足，实验室条件较差，或嫌探究实验烦琐，为了短期效益应对高考，而选择了"讲实验"而不是"做实验"。生物学是一门以实验为基础的学科，通过实验能培养学生的观察能力、分析能力、思维能力以及动手能力，更能培养学生尊重事实、严谨认真的科学态度。我认为从学生的学习兴趣、认知水平及长远的发展角度看，"做实验"优于"讲实验"，"学生小组实验"优于"教师演示实验"。

在高中生物新课标课程安排上，增加了大量实验，特别是思维能力要求高的探究性实验，在高考命题中也加大了对实验探究能力的考查，生物高考大纲对学生实验与探究能力提出理解实验目的、原理、方法，掌握操作技能，能对实验现象和结果进行解释、分析和处理等要求。如果只是"讲实验"，学生是很难达到这些能力要求的。我认为"做实验"与高考的纸笔测试不矛盾。因为没有实验过程的操作、思考及对实验结果的预期及分析评价，学生在遇到实验情境题时如何迁移应用，又谈何考出高分呢？所以在学生动手实验的问题上，我们要创造条件让学生亲自试验，让学生对生物学知识"知其然、更知其所以然"。

这次的《影响酶促反应速率的因素》一课，我本来的设计是由学生设计实验、动手实验、评价实验的，但由于种种原因在录播课堂上我只能以演示实验代替学生的动手实验。虽然这节课学生对实验的"思维探究"过程很充分，也步步引导学生发现问题和解决问题，但结论的得出不是学生从实验事实得出的，终归是"纸上谈兵"，这也是本节课的遗憾。我非常希望南京13中的生物老师下一节课能让学生完成自己设计的实验，这样学生对科学实验的整个过程就有了完整的体验。我认为用两节课让学生明白如何"做实验"是非常值得的。

（2013年11月）

促使学生自主学习，提高高考备考质量

一、二中生物高考成绩简介

学生组成和特点：高三生物（6）班，共112人，其中，有19位复读生，8位

学生是转学生物的，总人数是高三选修科目中最多的。人数多、落后面大，是这个生物班的特点。

高考成绩：在今年高考中，高三两个生物班都取得了突出的成绩，（2）班平均分647.8分（超出广州市一类学校625.11分的平均分）；（6）班平均分543.3分；有1人获811分的高分（广州市共12人），单科700分以上的有13人，其中普通班有2人，总分700分的有7人，禅城区生物单科分数前10名占了9人（含市一中）；平均分589.9分，高出区平均分108.7分，单科分数达重点人数的有33人，比例为29.5%；单科达本科人数71人，比例为63.4%；位居大市前列。

二、具体做法

（一）早计划，明目标，抓落实

坚持早、实、细的备考原则。在8月份补课期间，我们认真研究生物教学大纲和近两年的生物高考说明，以双基的落实为基础，以提高课堂教学效率为重点，以培养学生能力为突破口，以全面提高学生的素质为目标，研究制定了详细可行的全年备考计划，把计划向学生说明并张贴在教室，让学生做到心中有数，并在学习上自觉配合老师，使教与学同步，发挥共振的效应。整个计划分三个阶段完成，有阶段目标和总体目标。

第一阶段：时间为26周，内容是高三生物（新课讲授时间为10周）、高中生物第一轮基础复习（16周）：目标是对考试范围的基本知识和基础技能进行全面复习，帮助学生进一步掌握一个个知识点，扎扎实实把基础打牢固，并逐步形成知识的网络和系统，提高学生理解和记忆能力；资料：①陕西人民出版社《导与练》，②自编单元过关测试题。

第二阶段：时间为12周，内容为综合复习；目标是将各单元有联系的知识进行系统的归纳、综合，建立稳固的学科知识体系和知识结构，继续巩固、强化基础知识、基本技能，通过学生动手实验及对学生实验设计的指导，培养学生综合运用所学知识来分析、解决问题的能力，使学生的知识与能力准确整合，训练学生对部分知识综合运用的能力；方式是专题复习、解题方法指导和综合训练；资料：①陕西人民出版社《导与练》，②优化设计丛书之《十年高考题解析》，③自编单元过关测试题，④自编重点概念、选择题及易错题、实验设计题、曲线图表题和热点题。

第三阶段：时间为4周，内容为应试训练，查漏补缺；目标是培养学生在考试各个环节的应试能力、技巧和心理素质；方式是模拟考和评讲，控制学生在学习上和生活上的节奏，调整应试状态，做好考前心理辅导，最后一周进行一次自命题信心考试；资料：①各地高考模拟题（广州、佛山、深圳等），②自编模拟题。

总体目标：

（1）重点班以多出尖子生为主，力争有800分的学生，为奋斗目标。

（2）普通班的主要目标是打好基础，抬高全级生物平均分。

为了更有效地实施计划，我们根据教学中出现的情况，认真分析研究，及时进行调整，把备考各项工作落到实处。

（二）加强集体备课，提高教学质量

课堂教学是整个教学过程的中心环节，上好课是提高教学质量的关键。我们备课组的两位教师坚持进行集体备课，经常对每个知识点如何落实、难点如何突破、选用哪道典型例题等问题交换教学意见。教师在集体备课的基础上，在课堂上力求体现"教师为引导，学生为主体"的教学思想，统一要求和因材施教相结合，积极构造情绪场，引导、点拨、启发学生，努力展现教师、学生的思维过程，把启发式教学贯穿于教学的全过程。在教学过程中，教师还加强了知识的归纳和总结，规律的总结和应用，使知识系统化、结构化。总结过往经验，我认为在复习过程中还要做到以下几点。

1. 立足教材，加强双基，夯实基础

熟练理解、掌握和运用教材中的基础知识和基本技能，是培养和提高学生综合能力的前提。第一轮复习最重要的环节就在于帮助学生进一步掌握一个个知识点，把基础打牢固，并逐步形成知识的网络和系统。因此，对双基的复习不是简单重复以前讲过的知识，而是按照教学大纲，抓住教材主线，对教材进行提炼、梳理、串联，将隐藏在纷繁内容中的最重要的概念、规律、原理及知识间的联系整理出来，同时对以往教学中的薄弱环节进行强化。

第一轮复习做到"四不四点"：不求快、不求新、不求多、不求深，突出重点、突破难点、落实知识点、留有旁通点。

不求快：教学进度上不追求复习的轮数，而是扎扎实实把基础打牢固，一个知识点一练习，一个单元一测试。

　　不求新：教学例题和学生习题的选择上不追求新奇，以典型的基础题为主，提高学生的理解能力和记忆能力。

　　不求多：学生的练习题不追求量多，做到精选习题。

　　不求深：教学内容的把握上不追求深度，以课本知识吃透为准。

　　在每节课的教学过程中，不必像上新课一样面面俱到，而要突出重点知识的梳理、难点的突破。通过每课一练落实知识点选用自编或精选变式题使学生举一反三、触类旁通。

2. 培养能力，扩大优生面

　　近几年高考试题正加大向能力型、创新型试题转变，逐渐与新课标接轨。所以，教师在复习时，要注意试题的积累、变形、重组、分解、综合，注重训练学生对于图形、曲线的分析，提高实验设计以及图形转换能力，对同一问题，要善于引导学生从多个角度设问、思考、解决，组建学习互助组，以点带面。利用综合试题进行测试来检查学生对知识的理解、掌握和综合运用程度，促进学生独立思考、分析解决问题和提高创新意识和能力。在第二轮复习中，进行必要的综合能力测验，对于提高学生运用所学知识分析、解决问题的能力，提高学生的创造性思维和创新能力，对于考试中遇到问题时的应变能力都有帮助。

　　南宋教育家朱熹说过："读书无疑者，须教有疑，有疑者却要无疑，到这里方是长进。"著名科学家李政道也指出："什么是学问？就是要学怎样问。"因此，在课堂教学中，教师不仅要让学生"学答"，更要重视指导学生"学问"。教师要注意经常转换提问的角度，在帮助学生"发现问题"、激发学生"提出问题"、引导学生"思考问题"上下功夫，为学生"生疑、质疑、释疑"营造宽松、民主的氛围。在高三第二轮复习时，由于（2）班是重点班，基础较好，所以，我在落实基础知识的同时，把知识加深、广度拓宽，目的是多出尖子生。为了培养高考尖子生，我让学生组成4人学习小组，任何学习活动都一起探讨，相互学习、取长补短，如在试卷讲评中，由每小组提出问题，各小组间相互解答，我作为其中一员参与其中，适时引导、点拨。我还让每个小组根据高考说明及老师提供的高考动向和预测，由每小组命一道"高考题"，要求每道题不能有重复的主要知识点，注意相关知识的交叉联系，并给予鼓励"高考完后，我们检验哪一组的题最接近考题，老师及所有同学都送一小礼物给他们予以纪念和感谢"。学生们为了验证自己的能力，非常重视，各小组认真思考，积极讨论，模仿历年高考题，揣摩出题者意图，形成自己的原创题并做成课件。我利用每节课课前10分钟，由学生小组长上台出示题目，让全班同学做，当场测试反馈，全班同学积极思考、讨论、解答。我鼓励他们有不同思路、不同解法，要求出题小组说明出题意图，回答其他小组成员的提问，不断改进和完善。这样的做法，学生兴趣很高，使学生真正动起来、思维活起来，思维得到多方锻炼，从而提高学生思维、应变、分析、研究等能力，取得很好的教学效果。

3. 注重成绩跟踪，促进良性竞争

教学的反馈与跟进是教学的一个很重要的环节。教学反馈的主要方式是阶段性测试，无论大小测试从出题、改卷、分析、评讲都要严格按高考要求做。这样不但让学生尽早适应高考题型，增大考试信度，还能让学生及早知道自己的排位，确定努力的方向。每次测试一定要做好考试分析，对每道题的得分率进行统计，找出学生存在的问题，及时查漏补缺。并做好评讲，讲学生答对和答错的原因；讲普遍出错问题的相关知识；讲解题的思路和方法，并对出错率高的题目进行扩展或变形、举一反三。另外，每次测试年级前50名都在班里张榜公布，使学生学有目标，追有对手，形成一种良性竞争氛围。对学有困难的学生在卷面留下鼓励的一句话，体现教师对学生的关心，有利于师生感情的培养，增强学生克服困难的信心。学生"亲其师，信其道"，就会主动配合教师，提高复习的效果。

（三）了解高考动向，加强学生辅导

高考是全国范围的选拔性考试，它既是考学生又是考老师，所以我们非常注重了解高考动向，认真学习《高考说明》，认真研究近五年以来高考生物试题，特别是近几年上海、广东、山西、江苏的高考生物试题，把握高考对知识、能力的要求，明确高考命题方向。今年由于本人兼任禅城区生物学教研员，与省、市的各教职员一起交流学习的机会增多了，与省内各学校教师加强了联系，通过交流研讨，取长补短，自己的业务能力有了较大的提高，对高考命题方向有一定的认识。我们通过科组活动把前沿教改信息、高考动向及时与科组教师一起研讨，并依托集体备课的形式落实到课堂教学中，把掌握的有关信息及时渗透到教学中，分析近几年的高考试题，找出规律，确定详、略点；

分析学生历次考试成绩，确定培优扶边名单，对学生进行分层辅导，除了对学生进行学科知识的辅导外，不可忽视心理辅导。课余时间我主动多在班中辅导或找学生谈心，了解学生的学习情况，收集学生对教学的意见和建议，调整教学计划，了解学生的思想和心理状态，不仅和学生谈学习，也谈轻松的话题，或只做一个忠实的倾听者，及时帮学生解决学习上和心理上的问题。

（广东省2005年生物高考研讨会发言稿）

谈教学智慧的形成

回顾20多年的教学生涯，我深深体会到：教学是一门艺术，是一种创造性的劳动，需要为师者终其一生去追求。在教师专业发展过程中，如果教师仅仅停留于掌握教育理论、教育原则和方法，甚至于形成一定的教育教学风格，仍然是不够的，还需要形成教学智慧。这样才能挖掘出学生的智慧，培养智慧的学生。

什么是教学智慧？教学智慧就是教师个体在教学实践中依据自身对教学现象和教学理论的感悟，深刻洞察、敏锐机智并高效便捷地应对教学情境而生成的达到融通共生、自由和美境界的一种综合能力。教学智慧渗透在教学工作的所有方面。从内容划分的角度看，它主要包括组织材料进行教学设计的智慧、教学内容呈现的智慧、师生沟通对话引领学生的智慧、教学方法选择和应用的智慧、教学过程组织管理的智慧、个别化教学策略应用的智慧等方面。那么，在教师的发展过程中如何形成教学智慧呢？

一、教学智慧的形成，需有发展的需求、明确的目标

"不想做将军的士兵不是好士兵"，同理，"不想做名师的老师也不是好老师"。这话虽然有些片面，但它告诉我们：人的一生要有目标、有追求。

选择教师这一行业是我的理想，做一名学生欢喜、家长信任、同事认可的好教师是我的奋斗目标。我最在乎的是学生的感受，因为学生的眼神中写着对我的满意度，时刻鞭策我要不断前行、不能懈怠，让我时刻思考："什么样的

教师是最受学生欢迎的？一位优秀的教师应具备什么条件？"这正是促进教师专业发展及形成教学智慧的原动力。经过多年观察、学习和实践，我认为一名优秀教师应具备以下条件：

（1）首先应是一名有"爱"的教师，只有爱学生、爱专业、爱学校、爱讲台，才能用心、静心、尽心做个"好老师"。

（2）有扎实的学科专业基础知识、基本技能和扎实的教育理论基础，会应用有关的教育教学理论指导教学实践。

（3）能了解学科课程体系，深入理解中学学科课程的性质和价值，掌握学生的学习规律和特点。

（4）关注学生的发展，善于研究"学生"和"学情"，明确"教什么"和"怎么教"，指导学生"如何学"。

（5）善于积累、勤于反思，有小课题研究的意识和行动，总结经验形成论文并指导教学。

（6）优秀教师的最基本条件就是上好课，让自己的课堂充满灵动。

有了发展的需求和目标，再对自己进行现状分析，重新审视自己，找出长处及短板，就可科学制订好自己的发展规划，潜心潜力地去蕴纳自己专业成长的必备元素。与时俱进、终身学习是不断发展的基础。陶行知先生说得好："要想学生好学，必须先生好学。"要学好业务知识、专业知识、学好教育教学理论，还要博览群书，兼收并蓄。只有不断学习，才能担负起培育人才的重任；只有不断学习新知识，改进自己的知识结构，拓宽视野，才能适应高速发展的现代社会及学生的要求。一路走来，会有短暂的成功和喜悦，可能更多的是曲折和困惑，然而一个正直可敬的人民教师应该是对教育痴情、对学生深情、对奋斗执着坚守的人。我一直坚信：付出了爱心，一定会收获学生的爱，这样的人生旅途有爱陪伴，不会孤独！而爱与爱的叠加就是幸福人生！

二、教学智慧的形成，需自我认知，明确教与学的关系

2004年高中进行了课程改革，虽然教育观念新了，但课堂教学却还是老样子；满口现代教育理论，实践操作却无从下手；即使采取一些新颖的做法，还是机械模仿、生搬硬套或花拳绣腿，不能取得应有的教学效果；"灌""秀""磨"的教法大行其道。学生苦，教师更辛苦，出现了越改革厌

学、厌教情绪越强的怪圈现象。那么，我们的问题出在哪？

我们来看看山东聊城市杜郎口中学的课堂教学情景：在一所农村中学，每天24个班是同时开放的，24间教室、24位教师、1460多名学生在同一时间里同时用心灵、用生命讲述课堂的故事，讲述成长的故事。24个班的课堂形式多种多样，甚至五花八门。"台上"学生或表演，或辩论，或歌唱，或讲解，或朗诵，小品、相声、独唱、合唱、舞蹈、辩论赛、小组展示等多种形式交相辉映；"台下"学生或蹲，或站，或坐，或跪，地上、课桌上、板凳上挤成一团，聚精会神、津津有味。课堂的气氛热烈而不失和谐，课堂发言几乎不用举手，学生站起来就说，说完自己坐下，另一个学生接着说。但是由于学生的参与热情很高，常常会遇到两个人甚至几个人同时站起来发言的时候。这时，老师也不调解，学生同时说上一句半句的，就会有人让出来。当我走过教室的窗前或进入教室，可能没有学生注意我；当我驻足聆听，可能没有人在意我。没有老师的呵斥，没有老师的监督，没有老师的"谆谆教导"，这里的课堂完全是学生的舞台。老师混杂于学生中间，常常很难辨认。这里的课堂完全是学生自觉的激情投入，学生自然流露出的爱课堂、爱知识、爱学习的状况令人感动。

这才是我们所追求的教学场景。

我们的问题出在：一是被应试教育的"赶进度"牵着鼻子走，不舍也不敢留时间给学生；二是没有明确课堂教学中"教"与"学"的师生关系定位；三是在新、旧教学方式中没有找到突破口。我们很多老师学历很高、经验很足，课堂上处处显示"我的教学设计多完美，我的讲解多流畅"，但我们忽略了课堂学习的主人应该是学生，忽略了教学是一项以师生沟通对话为方式，以学生掌握知识、认识世界，并促进学生发展为本质特征的实践活动。

我们要清楚地认识到好课的标准："不是你讲得多么好，而应该是学生学得多么好，要做到'传道有术、授业有方、解惑有法'，让学生在轻松、愉快的氛围中掌握知识。"陶行知先生指出："好的先生不是教书，不是教学生，乃是教学生学。"《诱思探究学科教学论》也明确指出："所谓自主，就是要遵循'诱思教学思想论'，充分发挥教师的引导作用，以便真正实现学生的主体地位，教师要实施以启发性为核心特征的循循善诱，'教学生学'，'把学生学习的基本自由还给学生'；所谓探究，就是全面实现'探究教学过程论'，在课堂教学中落实'探究性学习方式'，保证学生五官并用，全身心投入整个学习过程，亲身体验，主动探究，把观察与思维，亦即探索与研究两大学习层次贯穿始终；所谓合作，就是要在学习过程中，必须在行为子过程中落实师生间，特别是在学生之间实现以'七动'为载体的讨论式学习行为，突出'动口议'，这就是合作交流。"

在诱思探究教学理论指导下，坚持"教师为引导，学生为主体"的师生关系定位，课堂教学中努力创设生动活泼、贴近学生发展的教学情境，激发学习热情，以问题为引领，在师生、生生的多边交流中，引导学生思考，让学生在"动眼看、动耳听、动口议、动笔写、动手做、动脑思"的全身活动中实现自主发展。在教学中常收获学生绽放的智慧火花，也促进了我的教学智慧生成。

只要心中有"学生"，你设计的教学就会从学生的实际出发，设计的问题就能引导学生，还时间给学生自主学习，给学生合作学习的空间。

三、教学智慧的形成，需勇于实践、坚持"守真"

教学智慧是以实践性方式存在的。教学智慧只有在具体的时空情境中才会表现生成出来。"深刻洞察、敏锐机智和高效便捷"是教学智慧呈现的主要表现状态，或者说是指具有教学智慧的教师执教行为的外在的基本标准。教学以教师的智力活动为主，教师的专业知识和智慧水平，对在校期间及刚走出学校一段时间里的学生的发展在一定程度上有决定性影响。有教学智慧的教师对学生学习状态下的表现一定具有较深刻和准确的观察，并且，会尽可能运用自己的智慧机智地应对、施教，不仅追求效率——学生学得快学得好，而且追求境界——让学生学得轻松愉快。

1. 勇于上公开课，是形成智慧教学的助推器

作为教师，课堂是我们的主战场，课堂教学是我们提高教育教学质量的主阵地，也是教师专业素质的得以体现的地方。公开课活动本质上是围绕研究课堂、改进课堂的案例教学活动。开展公开课是参与者相互提供教学信息，共同收集和感受课堂信息，在充分拥有信息的基础上，围绕着教与学的问题进行讨论，以改进课堂教学质量，促进教师专业发展的一种活动。

公开课还是解剖自己，挑战自己教学的最好形式。作为一名老师，如果没有经历公开课的磨砺，就不可能成为一名优秀教师。所以我从教以来，每年都

上1~2节公开课，坚持公开课上"真课"，给自己也给他人一个研讨的平台。我清醒地认识到："教学永远是一门遗憾的艺术"，有缺陷的课是正常的，要敢于面对失败，善于接受各种意见，及时深入地反思改进。公开课可以不"完美"，但不可无特点。我们反对公开课"作秀"，但坚持公开课一课二上三反思的"集体磨课"，磨教学设计、磨教学方法、磨学生如何能更好地习得。当全科组教师一起沉浸于公开课的研究过程的时候，公开课变成了团队研修中的一环，那么就不再是作秀的、肤浅的"孔雀开屏"，而是"为学日益，为道日损"的修炼。公开课的研讨、借鉴、共生价值就体现了。为此，我们只有多借助公开课研讨苦练内功，才能在平时教学中秀出我们的研究点、秀出我们的创新点。当积累越来越丰厚的时候，我们内心的执着便越来越清晰，在教学上，对学生就有了超乎寻常的敏感性和感受力，就善于突破教学常规，用不寻常的手段，便捷高效机智地处理问题，能妥帖恰当地处理教学突发事件，顺势而为地诱导学生积极探索与思考，巧妙有效地帮助学生对重点、难点进行深入理解，自然流畅地启发学生展开思维的翅膀，生动愉悦地诱导学生步入人生智慧的魅力境界，进而形成个人的教学风格及较高水平的教学智慧。

2. 坚持"守真"，是形成智慧教学的沃土

广东省教育厅选派我参加"国培计划（2013）"——示范性集中培训项目在南京师范大学的培训学习。学习期间，南京师范大学推荐我与北京日坛中学王庆红老师、南京13中高婷婷老师一同上了高一年级同课异构交流课《影响酶促反应速率的因素》。

课前我遇到两个棘手的问题：一是两地教材不一样，是"教教材"还是"用教材教"？二是录播室学生动手实验不能开展，怎么让学生探究呢？

南京用的是苏教版的教材，广东用的是人教版的教材，在内容和编排上都有不同，但关于酶和酶促反应的核心内容是一致的，教学不应拘泥于学生现有的教材，而应更开放地设计教学。没有教材知识的约束，更考验教师的教学智慧，也更能让学生产生智慧。当课程从具体的教材形态走向经验和过程时，教师的经验和知识、与学生的对话和交往、对教学过程的调控等，都是重要的课程内容。这次在南京13中的教学，我大胆抛弃两本教材，以学生"如何学、如何探究得新知"为核心，重新设计教学内容，实现了"教教材"向"用教材教"的华丽转身。

在教学中我充分考虑了高一学生的认知特点。首先从生活中的现象（加酶洗衣粉的使用）入手，采用问题导学和任务驱动的方法，引导学生从已有的化学和生活知识，合作完成实验设计方案，由小组代表上台绘图展示，其他学生进行提问、评价、纠错，一起完善设计方案，这一过程中老师始终起着"穿针引线"的作用，积极地引导、耐心地等待学生步步探究出影响酶促反应速率的因素。

课堂上做到以情激情、幽默风趣、循循善诱地引导学生通过用眼看、动手写、动耳听、动脑思、动口议去探究和解决问题。此过程中学生又不断生成了更多的新问题，这些问题很好地借用为本节课的课程资源。在我适时引导、及时鼓励下，民主的师生互动、生生互动氛围很快形成，学生专注于探究学习的快乐中，探究的问题如抽丝剥茧般越来越明了，当学生在相互的思维碰撞中终于找到了方法，得出了结论后，他们由衷感受到了蜕茧化蝶的喜悦。

这节课受到听课的100多位南京市及全国优秀高中生物教师的一致好评。其中南京市教学研究室岑芳老师评价："灵动充满激情感染，从容驾驭课堂进程。学生被引导后答出：环境条件不同影响不同，是水到渠成的自主建构和思维启发！多次实验的提醒，是实验原则的思想潜移默化的植入！"南京市六合区的教研员吴光明老师发来邮件：

谢老师：

你好！

观看了你的南京13中一节"霸道"的课堂活动后，使我对生物学课堂教学又有了新的认识。我们生物学课堂不管是初中的还是高中的都是可以成为生命性极强的课堂的。我这14年听了省市区校课已经有近2000节，只有你的课是我唯一美慕的。古人言：50不做吹鼓手，我虽已在50和60之间了，但我还是不由自主地要这样说，你的课堂让学生学习得活泼有度和轻松有效，在没精神负担中完成了学习，实现了目标。你幽默有度、快速激发、引导得时，不为师只为生，你是课堂上的庖丁。

如果这节课算一个成功案例的话，可以说是我"十年磨一剑"的积累及"守真"的结果。我一贯坚持"问题即课题、成长即成果"的观点，平时遇到的教学问题总是要想方设法去研究，而学术上可以有不同的观点，但一定不能掺假。我反对在教学中"假表扬""假精彩"；反对教师间的"假评课"，即使全国的公开课也不例外。反对为了让课堂显得热闹的"假讨论"，要的是学生思维碰撞的"真讨论"，即教师在设计问题时一定要考虑讨论的"四度"（参与广度、合作效度、探究深度、生成高度），在教学中要做到"勇于放手、乐于示弱、精于梳理、巧于点睛"，要真诚鼓励学生提出问题、发表见解，这样学生才学得轻松、学得智慧。在教学和研教过程中要说真话。只会说"你真棒！"是因为你辨识力欠缺、认真性不够或曲解了"激励性评价"的真正内涵。这种廉价的"假表扬"，会让学生失去喜悦感，严重地说，会让学生失去判断能力，养成"作假"的习性。教师评课中"无关痛痒"的赞美，或是毫无建树的"人云亦云"，也是一种作假，是对执教者的不尊重。鲁迅说："隔靴搔痒赞何益？入木三分骂亦精。"评课是为了使教师的课堂教学提供反馈与矫正，保证课堂教学质量的改进和提高。评课不在于分长短优劣，而在于评教结果促成长。所以教师的点评应尽量做到实事求是，好评应有理有据有实，而不足之中应提出更好的建设性意见。"守真"既是教师品德的底线，也是教学智慧形成的沃土。

教学智慧的形成不是一蹴而就的，需要不断应对学生的变化和时代的要求。路漫漫其修远兮，吾将奋然而求索！

（2014年6月）

追梦：做课堂教学艺术家

我于1989年参加工作，在中学教育教学路上已经走过了27年。一路走来，有曲折和困惑，更有成功和喜悦。我深深认识到：一个正直可敬的人民教师应该是对教育痴情、对学生深情、对奋斗执着坚守的人。在指引着学生的人生路程上，真心付出，耐心引导、爱心植入，一定会收获一路风景！这些年我也获得了"全国模范教师""全国教育系统巾帼建功标兵""广东省特级教师""广东省基础教育系统名教师""广东省教师工作室主持人""南粤教坛新秀""区优秀班主任""禅城区首批名教师""禅城区高考备考优秀教师""佛山市优秀教师""佛山市学科带头人""佛山市首批名教师""佛山市教育系统高层次人才"等称号。

一、教学路上的得与失

小时候大人常问："你长大想做什么呀？"小学老师也经常会布置作文题目"我的理想"，当时根本就不知道何为理想，也不知道将来应该做什么？老师对"我的理想"优秀作文的宣读，让我深深记住了我的理想应该是当科学家、医生和老师。高考的失误使我没能录入医科大学，而是进入师范学校。"既来之，则安之"。在师范学校的几年学习中，我对教我课的老师有了初步的判断：英语老师温和且关心我们，是个好老师；植物学老师课讲得生动有趣，是个好老师；遗传学老师严肃认真但题讲得很清楚，也是个好老师……我在细心观察和学习模仿，我发现逐渐喜欢上了老师这个职业。当我1989年从师范学校毕业当上一名中学教师后，我是欢欣鼓舞的！我上了讲台就像打了鸡血，激情满怀，看到学生求知、信赖的眼神，我感到教师的神圣，也感到了责任的重大。就这样为了成为学生心目中的好老师，我凭着满腔热情，认真而详细地备好每一节课。一节课中，更多的是我滔滔不绝的"精彩的表演"，把课本知识毫无遗漏地讲授给学生，只顾自己讲，很少顾及学生是否听得懂。他们因为我的认真、爱心、耐心而喜欢我这个老师，学生的考试成绩也不太差，但我发现学生对我所教知识多是在死记硬背中"学得"的，学生不会举一反三，不懂得变通运用。看到学生学得辛苦，却很难取得较大的进步，我非常苦恼和着急，也苦于找不到出路，很彷徨！2002年12月，我接触并认真研读了张熊飞教授的《诱思探究学科教学论》一书，诱思探究教学理论指出："教师是学生学习的引导者，学生是学习的主体，教师的教是为学生创造必要的外部条件，是学生更好地学的促进者，而学生是学习的主体，是以探索者、研究者的身份投身于整个探究过程中的。"它倡导教师在教学过程中进行启发诱导，鼓励学生思维探究，引发学生学习的热情，使他们积极主动地去观察、去思考、去交流。这给了我很大的启发。我终于找到了教学问题的"症结"——教学中没有摆正好自己的位置，总在扮演着保姆的角色。

二、理念的形成与践行

回顾27年的教学生涯，我走过了懵懂无知、学习教学到能驾驭教学和创作教学的专业发展过程。这一路学生时刻鞭策我不断前行，因为学生的眼神中写着对老师的满意度，使我不能懈怠。我时刻思考："什么样的教师最受学生欢迎？什么样的课堂才是学生需要的？"我想方设法为学生设计每一节课。上好每一节课是我最朴素的追求。我深深体会到：教学是一门艺术，上好每一节课并非易事。教学是一种创造性的劳动，需要为师者终其一生去追求。

2004年广东省率先进行新课改，新课程课堂教学强调教学方式由讲授性教学走向感受性教学。我对新课改提出"自主、探究、合作"学习的认识：所谓自主，就是要充分发挥教师的引导作用，以启发性为核心特征的循循善诱来"教学生学"，把学生学习的基本自由还给学生，真正实现学生的主体地位；所谓探究，就是在课堂教学中保证学生在整个学习过程中亲身体验，主动探究，把观察与思维始终贯穿于课堂教学中；所谓合作，就是要在学习过程中落实师生之间，特别是学生之间的讨论式学习行为。由此我确立并坚持"教师为引导，学生为主体"的师生关系定位，形成了"风趣睿智、以情激趣、理性生成"的教学风格。

只要心中有"学生"，设计的教学就会从学生的实践出发，就会考虑学生的认知特点，就会在教学中大胆"取舍"，更会还时间、空间给学生，教学效果会更好。从教以来，我每年都上1~2节公开课，近十年上了20多节省、市、区级示范或研讨课，且坚持公开课上"真课"。2008年我上高中生物必修3《探究植物生长调节剂对扦插枝条生根的作用》实验课，就是通过创设情境，引导学生经历与科学家研究相似的"再发现""再经验"过程，让学生有目的地设计和进行小组实验，在实验中引导学生自己发现问题、解决问题；使学生在相互合作、共同交流、评价分析中不断提高创新和实践能力；在师生、生生的多项交流中使教师的"教"和学生的"学"、教师的"诱"和学生的"思"调频到和谐共存，真正实现学生的主体地位。

2013年11月，我由广东省教育厅选派参加"国培计划（2013）"在南京师范大学的培训学习，并在南京13中上了高一《影响酶促反应速率的因素》一节同课异构交流课。在是"教教材"还是"用教材教"的问题上，经过反复斟酌，决定上一堂没有教材的实验探究课。在基础知识铺垫后，让学生小组合作完成实验设计方案，由一个小组代表上台绘图展示，其他学生进行评价和纠错，一起完善设计方案。这一过程中我始终起着"穿针引线"的作用，适时引导、及时鼓励、耐心等待学生步步探究出影响酶促反应速率的因素，学生通过用眼看、动手写、动耳听、动脑思、动口议去探究和解决问题。学生由衷表现出了探究学习的喜悦和顿悟，我也实现了从"教教材"向"用教材教"的华丽转身。

在多年的理论学习和教学实践中，我更坚定了"以学生发展为本"的教学理念，"变教为诱，变学为思，以诱达思，启智悟道"的教学思想已转化为自觉的教学行动，摸索出一套行之有效的"问题引领，多边交流，学练结合，自主发展"的中学生物教学方法和"重视基础，举一反三，培养能力，轻负高效"的高考备考方法，开创了高考复习（第二轮）学生小组"模拟命题，小组评议"的做法，所教学生知识基础扎实，分析、解决问题的能力强，在生物高考及学科竞赛方面均取得优异成绩，2005年任教班级高考生物平均分647.8分，有1人以811分排佛山市前10名；11人700分以上，包揽全区前十名；2006年任教班级高考生物平均分630分，2人生物单科809分，排佛山市前10名。连续7年被评为"禅城区高考备考优秀教师"。辅导的学生在"全国中学生生物联赛"中，有3位学生获全国三等奖，有12位学生获省一等奖，50多人次分获省二、三等奖；指导学生科技创新等研究性学习活动获广东省第24届青少年科技创新大赛银牌。我也真正成为学生崇拜、可亲的好老师，同行敬佩的好同事。

三、教学感悟与辐射交流

课堂是教师的主战场，课堂教学是教师提高教育教学质量的主阵地。一位老师如果没有经历无数公开课的磨砺，不可能成为一名名师。在课堂教学中，教师要"循道而行"，即遵循教育教学规律和学生认知特点：一是要认同"以学生发展为本"的教学理念；二是要处理好"教师"与"学生"这两个主体的角色定位，教师与学生的和谐体现在教师"怎么教"，学生"如何学"，教师的"教"是围绕学生的"学"来展开的。教师不仅要教知识、教方法，引导学生自主探究，培养学生终身学习的能力。更要明白学生不是学习的机器人，而是带着情绪与情感的人，教师不仅要教学生学习，更要教学生做人，要尊重学生，对学生多一分耐心，少一些急躁，多一点等待，少一分功利，多一分理解，少一点责怪。做一名有"爱"的教师，只有爱讲台，才能用心、静心、尽心做个"好老师"。

课堂教学的研究是为师者永恒的课题。我主持的3项课题《高中生物必修教材课堂教学提问艺术研究》《高中生物教学培养学生自主学习能力的策略研究》《高中理综生物有效复习模式的研究》均围绕课堂教学及提升学生能力开展，两项课题研究成果分别获广东省2013年度中小学教育创新成果二等奖，全国教育学会优秀课题成果二等奖，并将研究成果在省内外推广和交流。2005年至今，我在省内外做了40多场讲座或专题报告，其中2010年应人教社邀请，作为培训专家为湖南、湖北的高中生物教师进行生物学科课程标准实验教材培训，2014年3月，应云南普洱市景谷傣族彝族自治县政府邀请，为全县学校校长、行政及骨干教师做《诱思探究教学》报告，应广州、开平、恩平、台山、清远、顺德、肇庆、东莞、佛山等地邀请做课堂教学及教师专业发展方面的专题讲座，受到教师们广泛好评。

　　教学是科学的、艺术的。科学讲求事实、寻求规律；艺术追求创新、强调和谐。一日为师，则追梦在课堂教学艺术的路上。

（2016年12月）

我市多位老师解读2010年广东高考大纲，为学生复习备考支招。

平衡三科　先做大题

　　全新的文科综合、理科综合要如何备考？这是2010年广东高考大纲出炉后，高三师生最关注的问题。昨日，我市多位老师接受采访时表示，3个学科要平衡好，掌握各科主干知识。

　　□评价大纲

　　取消X科　高考更加客观公正

　　明年高考最大的变化，就是将原来的"3+文基/理基+X科"变为"3+文科综合/理科综合"。石门中学副校长钟文川、佛山一中教学处主任谭根林、佛山二中教研室主任谢晓霜和佛山三中教学处主任刘闻接受采访时均对这个重大调整给予了肯定。

钟文川和谭根林均表示，经过这次"变脸"，广东高考对考生来说更加公平、公正。以前的X科是学生选择不同科目，各科考试内容都不同，而一些高校录取时却是同个分数线，尽管省教育考试院在命题方面做过多次探索，不少学生和家长微词不断，认为不够公平。

采取"3+文科综合/理科综合"，文综、理综统一命题，更加客观，文科、理科学生分别面临着同样的试卷、同样的分数线，这种考核更加公平公正。

□解读"变脸"

考查科目减少　选拔功能更强

各位老师和市教育局教研室相关负责人一致认为，与以前的"3+文基/理基+X科"模式相比，"3+文科综合/理科综合"考查的科目减少了，对学生的综合能力要求却更高，高考选拔功能更强。

市教育局教研室相关负责人表示，无论文综还是理综，在同张试卷上出现了三个不同的科目，而且必须在同一时间解题，这不仅考查了学生的知识掌握情况，还考查了学生思维转换能力、时间分配能力和心理素质等。

据钟文川和谢晓霜介绍，文综、理综各300分，第二卷分数比例非常大。理综第二卷188分，文综第二卷则是160分，只有6道大题，每个科目各有两道大题，历史、政治每道大题为26分，地理每道大题28分。"大题综合性强，对学生综合能力的要求也更高。"钟文川说。广东高考制度的调整对尖子生影响比较大，在语、数、英都学好的情况下，文综、理综很有可能让尖子生拉开差距，直接影响他们能否考上名校。

□复习建议

平衡好3个学科　掌握主干知识

全新的文科综合、理科综合该如何复习、备考？各位老师建议，学生要分阶段制订复习计划，讲究策略。

谢晓霜分析，明年是广东高考首次采取"3+文科综合/理科综合"的模式，应该会平稳过渡，文综、理综难度系数虽然会比文基、理基高得多，但也不会像X科那么难。她认为，学生复习时应该紧紧抓住主干知识、基础知识，不要如同备考X科那样，重在关注难点问题。另外，无论文科综合还是理科综合，3个学科一定要平衡好，不能放弃其中哪个科目。

此外，文综、理综大题分值都比较高，综合性强。谢晓霜建议，老师们平时讲课时，要对知识网络从纵向、横向加强联系。

"各科主干知识要死死抓住。"钟文川表示。文综、理综都是3个科目同张卷子，各科题目交叉分布，除了考查学生对各科知识掌握情况之外，对考生的学科思维转换能力还有一定要求。他建议，从第二学期开始，各个考生要开始做一些综合套卷的练习，通过训练，提高答题速度、答题准确度和学科思维转换能力。

□应试策略

尽量提高第一卷得分率

在答题策略方面，钟文川建议，要尽量提高第一卷的得分率。他根据2010年高考大纲说明分析，文综第一卷全是单选题，以往的多项选择题取消了，难度也因此比往年下降很多。他建议，考生要尽量提高第一卷得分率。针对第二卷的大题，他建议，考生可以把各科的题通读一遍，把自己有把握科目的大题先做好，对自己薄弱的环节，可以适当往后放。

（《珠江时报》记者林妙琼）

热烈祝贺谢晓霜老师获"全国模范教师""全国教育系统巾帼建功标兵"光荣称号

教师节前夕，中华人民共和国教育部、人事部、中华全国妇女联合会共同发文表彰了一批"全国教育系统先进集体"和"全国模范教师"，佛山市第二中学的谢晓霜老师同时获"全国模范教师""全国教育系统巾帼建功标兵"两个光荣称号。18年来，作为一名人民教师，谢晓霜老师有着强烈的事业心和高度负责的工作态度，在班主任、年级组长、科组长、教研处等工作岗位上都做出了骄人的成绩，曾经获得过"南粤教坛新秀""佛山市优秀教师""佛山市学科带头人"等光荣称号。

在禅城区举办的2007年教师节庆祝大会上，区委副书记、区长梁维东亲自为谢晓霜老师颁奖（图1、图2），鼓励她继续努力为禅城区教育事业贡献智慧和力量。谢老师表示，她很感谢党和政府对教师的关心和爱护，感谢学校的培养和学生的信赖，今后她仍会一如既往地以热心、耐心、真心对待每一个学生，保持高度负责的工作态度，扎实投入到教学中（图3）。

图1 梁区长为谢老师颁奖1

图2 梁区长为谢老师颁奖2

图3　颁奖会上采访谢晓霜老师及她的学生

"最希望学生问倒我"

——南方都市报记者采访"全国模范教师"谢晓霜纪实

更新观念重素质教育

晓霜老师评价自己是个乐观的人，对于学生成绩也一直持乐观态度。在她看来，世上没有差学生和笨学生，只有偶尔叛逆或还未被发现特长的学生。她告诉记者，在1998年学校还按照成绩优劣进行分层教学的时候，她带过高中部一个全年级学习成绩最差的班。"当时学生很沮丧，都觉得在学校抬不起头。"晓霜老师回忆说。她接手后的第一件事就是帮学生树立信心。当时学校举行歌咏比赛，晓霜老师带着学生每天放学后加班排练，亲自上阵指挥，在比赛时，还特意从"四面八方"借了统一的服装。学生们表现出了从未有过的热情，比赛最终赢得了全校第一名。而后，慢班学生又连续在每月的文明班评比、纪律评比及其他各项活动中展示风采，最终在学校中昂起了头，高考成绩也远超于往届慢班水平。

晓霜老师并没有刻意去追求升学率，却在点滴的鼓励与温暖学生的细节中激发了学生强烈的学习欲望，"无心插柳柳成荫"，晓霜所带的学生却成绩斐然。在1998—2000年的高中生物会考中，她所教班级合格率、优良率、优秀率均超出省平均成绩，名列佛山市第一；2005年高考中，仅生物单科成绩700分以上就有11人，包揽全区前十名。在2002—2007年省中学生生物联赛中有43人次分获省一、二、三等奖。她所带班级年年是优秀班，9年的班主任工作期间年年被评为优秀班主任。

揣摩学生心理对症下药

"亲其师而信其道"，在晓霜老师看来，教学是个心理游戏，学生喜欢你、信任你，才可能尊重你、服从你，因此她的原则是"给学生面子，也要让学生给面子"。被学生称为"姐姐"的晓霜老师对待学生自有绝招，即"给自由、不强迫"。

让晓霜老师记忆最深刻的是她做年级主任时，曾有位高中男生霍某因为不愿服从学校的"男生不允许留长发"的纪律而索性剃了光头以示反抗。她由于对该学生的心思难以揣摩，因此先和霍某的班主任对其家长进行沟通，当得知霍某平时"人并不坏，只是脾气倔强"这一性格后，就联合家长对其采取了"晓之以理，动之以情"的说服教育。"我没有批评过他一句。"晓霜老师说。当时她在课堂上一有机会就表扬霍某，并于第二学期任命他为课代表，"充分表示出我信任他"。而霍某也从中逐渐从对晓霜老师、对学校的排斥转为支持拥护，并发奋学习生物。据介绍，霍某之后曾获得过"广东省生物竞赛一等奖"，并于2003年毕业之后又选择了北京某大学的生物系。

鼓励学生大胆提问

"谢老师的课到处都有思想的火花，她很会把握时机对我们进行诱导""她擅长以问题启发我们，教学很有方法"……这是学生对晓霜老师的评价，也是她多年潜心教研的结果。

"我最开心的是你们把我问倒。"晓霜老师最喜欢对学生说这句话（图4）。因为她认为"只有知识理解透彻了才能问出好问题"。从一个年轻教师逐渐发展到学科带头人，2000年的"广东省生物说课大赛"可以说是晓霜老师教学研究上的突破转折。当时每个学校仅有1个名额参加初赛，晓霜老师幸运地成为二中的代表。在15分钟的时间里，她不仅要表达课堂设计意图，还要说明如何突破学术难点和重点。"当时每天必做的事情就是练习。"晓霜老师说。当时除了请学校的老教师听课提建议之外，她还一个人对着镜子、对着丈夫反复练习。最终，晓霜老师成了佛山市两个代表之一，并在比赛中夺得了全省一等奖。

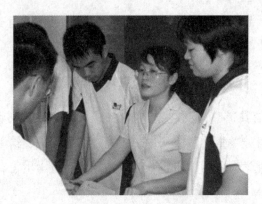

图4 "我最开心的是你们把我问倒"

此后，晓霜老师开始注重摸索教学研究，据同事介绍，晓霜老师以"循序善诱"的教学方式著称，多次在省、市、区及学校组织的公开课中获奖。2005年11月，晓霜老师为全区高中生物教师上了一节充分体现学生主体地位的高考复习示范课，甚至吸引了东莞市也专门组织全市高三生物老师前来听课。

我是妩媚的音乐"发烧友"

记者：你工作这么忙，有时间照顾孩子吗？当孩子的学习与学生的教育发生冲突时，你怎么选择？

谢晓霜：我是个"贪心"的女人，希望膝下所有学生都出类拔萃、出人头地。在我看来，我不仅只有一个儿子，所有的学生都是我的孩子。我儿子今年上初三，但我对他的关心太少了。目前儿子的学习成绩起伏不定，抓一抓就进步，不抓就下滑，但我的很多学生也是如此，所以我只能抓紧学生的学习。

我是个称职的老师，但却是个不称职的妈妈，从幼儿园起就是我丈夫接送儿子上下学，我懂得理解学生包容学生，却常常对儿子失去耐心，经常听到学校反映儿子调皮就对其批评，甚至很少关心儿子的生活起居。学生和儿子一样都是孩子，但我不能为了唯一的儿子就放弃更多的学生。

记者：你这么忙，与丈夫的关系怎么样？

谢晓霜：我其实是个娇弱的女人，习惯了在丈夫那里寻求安慰依靠，习惯了从儿子口中获得肯定，习惯了在家中我行我素，心中只有学生。丈夫对我很有耐心，以前我会因为学生捣乱违纪而偷偷抹眼泪，但也只是伏在丈夫肩头哭泣，直至今日，倘若在学校遇到不顺心的事情或难以管教的学生，我也会强忍着回家在丈夫面前发泄情绪。

记者：你的丈夫是个什么样的人？他是如何支持你的工作的？

谢晓霜：我在家几乎只是个"住客"，因为对于柴米油盐我几乎不曾粘碰。多年来，我一直早出晚归，早上7点出门，晚上过了10点才回家，只能由丈夫包揽所有家务。目前我已是第五次带高三，每周3晚的自习使我与家人相处的时间更少了，甚至一家人连外出旅游的机会都没有。老公曾经抱怨过，说别人回家都能吃上热腾腾的饭，但他回家却是黑漆漆的空屋子。丈夫偶尔抱怨的时候我就早回家一次，但次日又恢复原貌，日久天长，丈夫知道我不会改，因此也便不再抱怨。

记者：你除了工作之外，日常生活中你的另一面是什么样的？

谢晓霜：我其实是个妩媚的女人，喜欢深情款款地歌唱，喜欢潇洒地挥舞球拍，喜欢打扮得花枝招展。我们有合唱队，我还是音乐发烧友，我最喜欢民歌，崇拜的偶像是韩红和宋祖英，最拿手的歌曲是《青藏高原》。节假日时我常常和朋友、学生一起唱K，也是学校晚会上的文艺骨干。

同时我也很喜欢购物，虽然工作繁忙，但我也会见缝插针。上个月去广州开会时我连续和同事狂逛了两个晚上，买足了衣服。而且我有自己的穿衣风格，每次买衣服别人一看就知道我是老师。

工作好不是要牺牲自己，我平日也很注意锻炼身体，是羽毛球高手，每周至少保证和丈夫打一次羽毛球。爱惜自己，才能去爱更多的人。

丈夫的支持最暖人心

"全国模范教师""全国教育系统巾帼建功标兵""佛山市优秀教师""佛山市学科带头人"……很少有人相信，被十多个光环缠绕的晓霜老师其实只是个身高不足160厘米、瘦弱单薄的女子：白皙的皮肤、调皮的卷发，交谈中偶尔会豪放开怀大笑，偶尔也会羞涩面泛红晕，与讲台上高高在上的威严形象判若两人。

同事曾平说，最钦佩晓霜老师的是她十余年如一日对学生一如既往不曾消退的爱心；学生李嘉敏说，最喜欢晓霜老师的平易近人；丈夫说，最满意于妻子的职业信仰，尽管常常忽视了家庭，但他心甘情愿支持她；儿子说，最骄傲于母亲的伟大奉献，虽然自己常常被冷落，但可从中学会独立。

如今39岁的晓霜老师被学生们亲昵地称作"晓霜姐""霜姐",她说她喜欢这样,那个"老师"的称谓只属于课堂上的45分钟。正值事业上升期的她"当然没想过会放弃教师行业",难以割舍的并非功名利禄,而是那些带着渴求眼神的学生。

(《南方都市报》记者葛倩)

做学生的良师益友,成为教师发展的"领跑者"

她把抽象又难学的生物课讲成很受学生欢迎的一门课程;她的电话成了学生答疑热线,每天课后她身边都围满了求知的学生;她是学生心目中最受欢迎的好老师、好妈妈;她的课堂,学生们总是学得津津有味;学生说:"从讲课到解题,没有不让人感到清楚明白的,条理清晰是她的特点,态度认真但不缺风趣是她的风格";"她让我们一想到就觉得精神一振,从心底里感觉到有一股力量";还有毕业多年不知名的学生在论坛上感叹:"回想当年,还怀念我的生物老师(晓霜),大家去听一下她的生物课,大家听过就知道什么叫上课,什么叫上课学到东西,这才是真正的老师啊"……

她就是学生喜爱、崇敬的谢晓霜老师。

从21岁师范毕业至今25年的教育生涯中,"学生"总是她的心中至爱,无论是做班主任还是做教学工作,她首先考虑的是怎样做才对学生有用,才能让学生理解接受。为了班上一个人人嫌弃的后进生小成(化名),她从不放弃,坚持两周家访一次,耐心教育,细致关心,开展"学会赞扬身边人"的主题班会,让全班学生学会宽容,相互关爱,小成也从班集体中找到了认同感,快乐健康地度过了他的中学叛逆期,虽然他只考上了职业技术学校,但今天拥有一家模具厂并已为人父的他以诚信为人、感恩的心态回馈社会,影响着他的孩子。

她说:"自己的学历起点并不高,之所以有一点成绩,靠的就是认真和坚持。"一直以来,她虚心好学,坚持严谨治学的态度刻苦钻研教育教学理论,勇于进行课堂教学改革;坚持教学研究,注重创设情境启发学生思维、培养学生能力,提倡"变教为诱,变学为思,以诱达思,启智悟道"的教学思想,开创了高考复习学生小组"模拟命题，小组评议"的做法。她的课堂师生和谐、民主，学生可以随时发问，她的激情感染着学生，学生积极思考，大胆质疑，互动交融，活泼灵动，使学生潜能得到最大限度地挖掘，培养了一批批优秀学生。

这几年，她不满足只是自己教好学生，让更多的老师发展成为她的另一个目标。她率先垂范，发挥着名师的引领和辐射作用。从2000年至今她上了20节省、市区级示范或研讨课，2013年在南京上了一节"影响酶促反应速率的因素"的同课异构课，为全国各地生物教师研讨"如何用教材教"提供了成功的案例。

她每年深入课堂听课近100节，指导学科组建设和帮助青年教师成长。在省内外开设了17场有关高中生物教学、高考备考、教师专业发展、如何开展课题研究等方面的专题讲座，还成立了"谢晓霜工作室"，借助工作室这个平台将禅城区及广东省内的有志生物老师聚在一起，促使大家互助学习、共同进步，实现不同层次教师共同成长的双赢目标。

2012年年底在为期20天的广东省2012年高中生物骨干教师"谢晓霜工作室"跟岗学习中，她通过集体备课、双向听课、说课评课、案例分析、课例开发、专题研讨、课题研究等形式引导学员进行业务提升，从早上7：30到晚上12：00每天都安排得满满的，老师们把握这一难得的学习机会，如饥似渴地学习、备课、写反思、查阅资料、写博客、与指导老师交流等，他们一丝不苟地在状态中研修。特别是听课后的评课，在谢老师的示范带领下，大家由开始点评的小心翼翼到畅所欲言、各陈观点、大胆批驳，学术气氛浓厚，使学员们对一节好课的标准有了更深的认识。学员在总结中写道："评课过程中，大家踊跃发言，妙语连珠，充分挖掘课堂的优点，也敢正视教学的不足，有时甚至对教学的问题展开热烈的讨论，让我不但学到了知识，更加学到谢老师高尚的品质和对教学认真的态度。""谢老师身上折射出的对职业的那份热爱让我很感动，无论是教师的责任感与敬业精神还是潜心教学不断追求的境界都让我们很佩服。"

一个绝对认真的人、一个责任心重于泰山的人、一个正直可敬的人民教师，对名利淡薄、对教育痴情、对学生深情、对奋斗执着，以培育国家栋梁、造就高素质创造性人才为己任，这就是谢晓霜老师。她以高尚的师德，指引着学生的人生路程；以无私的奉献，在育人的道路上一路前行。

（《珠江时报》）

参考文献

［1］张熊飞.诱思探究学科教学论［M］.西安：陕西人民出版社，2003.

［2］庞维国.自主学习［M］.上海：华东师范大学出版社，2003.

［3］郑金洲.新课程课堂教学探索系列问题教学［M］.福州：福建教育出版社，2005.

［4］袁振国.教学策略［M］.北京：教育科学出版社，2007.

［5］中华人民共和国教育部.普通高中课程方案（2017年版）［M］.北京：人民教育出版社，2017.

［6］刘恩山，刘晟.核心素养作引领　注重实践少而精：《普通高中生物学课程标准》修订思路与特色［J］.生物学通报，2017，52（8）：8–11.

［7］张锋.指向核心素养达成的高中生物学教学变革：《普通高中生物学课程标准（2017年版）》解读［J］.福建基础教育研究，2018（4）：17–19.

［8］陈宏燕.高中生物课堂提问的探索和实践［J］.教学与管理，2013（18）.

［9］周初霞.走出课堂提问的误区［J］.生物学教学，2006（2）：11.

［10］沈洁.新课程下高中数学课堂有效教学的实践与研究［D］.上海：上海师范大学，2009.

［11］徐学福，房慧.让学生做自己的老师：名师讲述如何提升学生自主学习能力［M］.重庆：西南师范大学出版社，2008.

［12］黄惠.论新课程标准下高中英语自主学习模式的构建［D］.上海：华东师范大学，2009.

［13］杨兴田.高中生物教学中培养学生自主学习能力的探索［D］.长春：东北师范大学，2009.

［14］金香兰.以"学案"为载体提高自主学习能力［J］.现代教育科学（中学教师），2012（4X）：51.

［15］杨小红.高中生物自主学习能力的提升策略研究［D］.苏州：苏州大学，2012.

［16］靳文耀.高中数学教学中学生自主学习策略研究［D］.呼和浩特：内蒙古师范大学，2012.

［17］金奎.浅谈高中生物自主学习习惯的培养［J］.教师，2013（4）：104.

［18］邱晨.高中生物自主学习教学模式再研究［D］.济南：山东师范大学，2013.

［19］李璐璐.浅谈高中生物自主学习的"导学"策略［J］.新课程（上），2014（1）.

［20］龚照.浅析高中生物多元化教学方法的策略研究［J］.新课程（中学），2014（6）.

［21］杨玸.精选教学方式实现高中生物自主学习［J］.中学生物学，2009（2）：39-40.

［22］吴成军.基于生物学核心素养的高考命题研究［J］.中国考试，2016（10）：25-31.

［23］吕春燕，张忠华，胡刚.基于核心素养的高考命题倾向及复习策略研究：以2017年高考全国Ⅲ卷理综生物学试题为例［J］.生物学教学，2017，42（11）：53-54.

［24］崔从珍.通过"先学后教、当堂训练"提高学生自主学习能力的感悟［J］.神州，2013（15）：71.

［25］吴涌江.实施翻转课堂教学提高自主学习能力［J］.中小学教学研究，2015（8）：3-14.

［26］陆燕华.微课辅助提高学生自主学习能力［J］.教书育人（教师新概念），2017（6）：56.

后 记

　　《高中生物有效教与自主学——基于诱思探究教学理论》的书稿提交给了出版社，心里仍忐忑不安，我只是把近30年积累的教学经验写了下来，本没打算出书，鉴于一些年轻同行的要求，经过近一年断断续续的收集整理终于完成书稿。

　　本书围绕如何进行高中生物的有效教学及指导学生自主学习两方面展开。书中大量的教学案例来自我多年的教学实践和思考，有关于课堂教学、学案设计、高考备考、评课议课等方面的内容，有指导学生精记笔记、错题整理、归纳总结等自主学习的方法介绍，还有如何培养学生良好学习习惯及自我监控能力的策略并附有翔实的师生做法及作品，另外，还精选了部分论文及教学随笔与大家分享。

　　在近30年的教学生涯中，一路有志同道合的伙伴同行。2002年有幸结识张熊飞教授，他的诱思探究教学理论"教贵善诱、学贵善思"的教学观及"教师为引导、学生为主体"的师生观深深影响着我。从2012年至今，借助"广东省谢晓霜名师工作室"这个平台，我与工作室的成员们一起潜心研究高中生物教学，共建教师专业成长平台。因为有专家的指导，同伴的扶持，我得以不断进步。

　　感谢张熊飞教授在百忙中给我的专著作序，感谢经常给予我们工作室指导的广东第二师范学院胡继飞教授、佛山市生物教研员张芸老师、佛山市禅城区生物教研员董光有老师。工作室本着"问题即课题，成长即成果"的研究思路，申报了关于有效复习模式、提高学生自主学习能力等源自教学实际问题的课题。通过课题研究，我们一起备课、磨课、上课，一起研究有效的教学方式方法。书中有些案例来自工作室课题研究的成果，在此感谢佛山二中的李兆芬、霍湘、谢福星、张来丽、袁芬老师；东莞中学的谢永佳老师，佛山一中的黄广慧老师，广东第二师范学院番禺附属中学的谭雪青老师、三水实验中学的吴海涛老师。同时，也要感谢家人的默默支持和鼓励！

由于本人水平有限，书中对于教育教学的探讨不免挂一漏万，必然有许多需要改进的地方，敬请广大读者提出宝贵意见和建议。

谢晓霜

2020年4月写于佛山禅城